JN081442

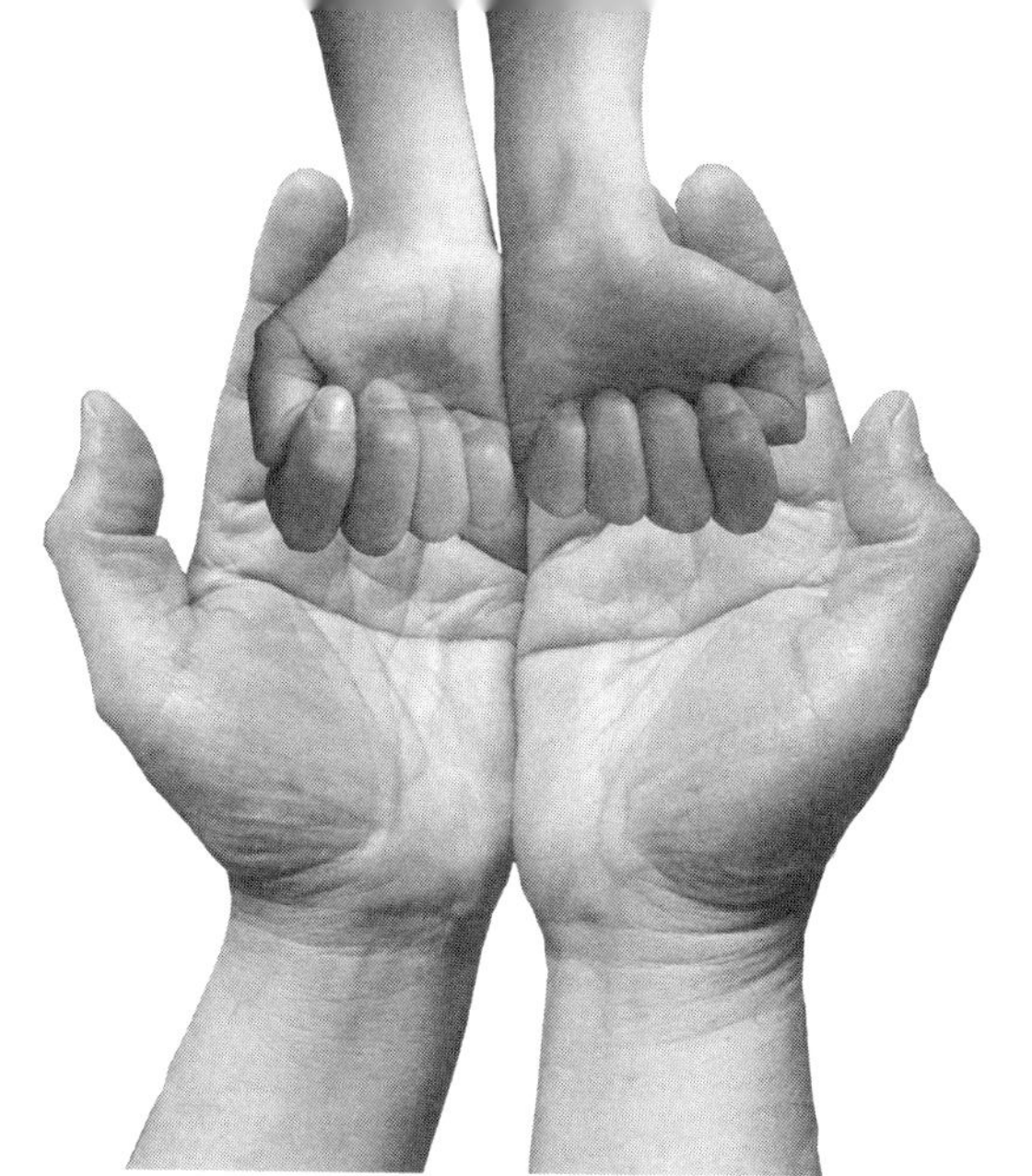

それでも児童相談所は前へ

奥田晃久
長田淳子

都政新報社

はじめに

児童虐待で死亡してしまう児童があとを絶ちません。これまでも児童相談所は子どもに関する重大な事故や事件が発生するたびに、「動かなかった児童相談所」「役割と権限を果たしていない」等々、批判の的となってきたこともあります。それればかりかインターネット等、今日の情報拡散ツールの飛躍的な進歩の中にあっては、虐待した保護者が子どもと分離されたことをネット上で逆恨みし、「児童相談所に子どもを拉致された」等、非難してくることも珍しくない時代となっています。こうしたことも含め、行政現場では児童相談所が困難職場の一つであることが周知の事実となっており、各自治体では新たな異動希望も少ない部署となっています。

一方で中核市や特別区等への児童相談所の新設も増えてきており、新たに開設予定の児童相談所が、地域住民等から「迷惑施設」まがいの反対運動に巻き込まれてしまうニュースがテレビや週刊誌に出ていたのも、記憶に新しいところです。

こうした中で十数年の間に児童相談所に与えられた法的介入権限は飛躍的に拡充されました。拡充されたゆえに、児童相談所はことあるごとに「児童を護る最後の砦」としてその責任と批判の矢面にも立ってきたと言えます。

平成初期の頃まで児童相談所運営の中核を担ってきた、いわゆる団塊世代職員の大量退職後、これと反比例するように日本の虐待通告件数は増え続けました。虐待通告の急増の原因には様々な要因が考えられますが、国民の児童虐待に対する認識と理解が進んだこと、各市区町村の取り組みが浸透してきたこともあると思います。

これを書いている今も、児童相談所には通告が入ってきています。その一件一件にケースワーカー(以下、児童福祉司)が面談や家庭訪問等を通じて誠実に対応していますが、時には、突然の調査訪問が保護者を動揺させてしまうこともあります。児童相談所が訪問してきたということが、虐待など不適切な養育を疑っているということ、そして保護者と我が子を引き離そうとしている、という先入観と不安を保護者に抱かせるのです。

この時、子育てに孤軍奮闘していた保護者から「なんでこんなに努力しているのに……」と玄関先で泣き崩れられた経験のある児童福祉司もおられるでしょう。そんな場面に児童福祉司が立ち会うとき、多くの場合気持ちが萎えそうになってしまうのです。

しかしかといって訪問に躊躇し二の足を踏めば、「児童相談所、及び腰で訪問せず。虐待発見が遅れ死亡」「機関の責務を果たさず」等々、マスコミや住民から責められます。訪問しなければマスコミから「なぜ」と責められ、訪問しても保護者から非難されるのです。確かに批判の中には真摯に受け止めざるを得ない内容もあります。猛省すべき点もあるのは事実です。しかし、児童相談所の職員は非難されていることの数倍、昼夜問わず、担当する地域を走りまわっているのです。その事実を伝える書物がまだまだ少ないと思っていました。

子どもの笑顔を護る機関に働いていながら、公務優先で自分の子どもの入学式や卒業式・運動会での笑顔は一度も見ていないという職員もいます。時に自己嫌悪を引きずりながらも心身疲弊するまで、職員は職務にあたっている日々なのではないでしょうか。

私は東京都庁に福祉職として採用され、定年退職するまでの12年間は児童相談所に勤務（通算では20年間）してきました。都を退職後は大学の教員として社会的養護の教鞭をとる一方、週一日、特別区内の子ども家庭支援センターの非常勤職員（会計年度任用職員）として最前線の現場に席を置かせていただきました。

その中で、東京都と特別区の児童福祉の動向を肌感覚で体験してきました。

　これまでの私のキャリアの中ではたくさん、反省も失敗もあります。そんな中でも職務が全うできたのはとりもなおさず、現場で汗をかいてくれたひとりひとりの職員の皆さんのおかげなのです。

　この原稿を書き始めたのはもう五年も前のことになります。そして今、新型コロナウイルス感染症が世界に蔓延しています。保健所や医療機関の大変さが連日報道されていますが、児童相談所職員もこの時勢であっても休むことは許されないのです。「感染する心配があるから家庭訪問はしないでほしい」そう保護者に言われても、満員電車の中、子どものためにと職員は今日も現場に向かっているのです。


　さて、少しずつ筆を進めている間にも、次々と新しいニュースが飛び込んできました。まずは平成28年5月27日、「児童福祉法等の一部を改正する法律［平成28年法律第63号］」（以下、28改正児童福祉法）が公布されたことです。この改正内容の一つに児童相談所の機能強化と都内特別区（以下、特別区）にも児童相談所が設置できる旨が盛り込まれました。

　長きにわたり特別区の念願であった各特別区児童相談所開設がいよいよ法改正

のもと現実味を帯びて大きく動き出し、令和二年度、ついに先行する三区（荒川区、江戸川区、世田谷区）から開設となりました。

これに前後して平成30年7月には政府が「児童虐待防止対策の強化に向けた緊急総合対策」を提示し、平成31年2月8日には、児童虐待防止対策に関する関係閣僚会議が開催され、「児童虐待防止対策の強化に向けた緊急総合対策」の更なる徹底・強化についてが発出されました。この中で児童相談所における緊急安全点検の実施、情報伝達のための新たなルールづくり、警察ＯＢの活用等々矢継ぎ早に児童相談所機能の強化策が打ち出されたのです。

「児童虐待防止対策体制総合強化プラン」（新プラン）（２０１９年度～２０２２年度）では、児童福祉司を２０２０人程度増加、そして子ども家庭総合支援拠点を全市町村に設置するなどの体制強化を進めることとなりました。

児童福祉司の配置基準も人口四万人に一人から三万人に一人となりましたが、現状ですら児童福祉司の充足率が不足している自治体がある中、更なる体制強化が求められる時代となっているのです。まさに、児童相談所を支える人材をどう、各自治体が確保するかが大きな課題となっているのではないでしょうか。

話を法改正に戻しますと、平成29年8月には、この法改正を受けて「新しい社会的養育ビジョン」が国から発出されました。このビジョンの詳細や評価は別稿に譲りますが、少なくともこれからの社会的養護が家庭養護に大きく舵を切ることや、そのための数値目標が具体的に盛り込まれ、各都道府県による社会的養育推進計画の策定が義務付けられたことは大きな成果と言えます。

そして今、家庭養護の推進役として児童相談所とともに「フォスタリング機関」という新しい里親支援の機関運用が始まっています。各自治体にとっては初めての取組であり、試行錯誤の中ではないでしょうか。その後、特別養子縁組に関する民法等の改正が令和2年4月1日から施行となるなど、こうした法改正は少なからず全国220カ所（令和2年7月現在）の児童相談所における、これからの家庭養護への取組姿勢・人材配置に大きな影響を及ぼしているのです。

特に養子縁組についてはこれまで民間事業者等の役割が歴史的に大きく、こうした民間事業者との連携をどのように児童相談所が進めていくかについても課題となっています。

このように児童福祉を取り巻く法整備が進み、国通知が目まぐるしく発出されている中で、子どもの最善の利益を追求した適正な事務執行が児童相談所には求められているのです。

本書は、次の三つを大切にしながら書き進めました。

まず、①児童相談所には誠実に職務に取り組んでいる職員がたくさんいると知ってもらいたいこと。そして是非、次代を担う子どもたちの笑顔を護る最前線の職場に新たにチャレンジしてくれる人が一人でも増えてほしいと願っていること。

次に②今ひたすら汗をかいて児童問題に取り組んでいる方々にエールを送りたいこと、

最後に③掲載している現場でのエピソード等が、新たに児童相談所を設置しようとしている各自治体の方々にとって、少しでも具体的な職務イメージづくりにつながってほしいこと

を目的として執筆しました。

都内情勢が中心となっており、文中に出てくる虐待対応の数値等については、東京都発行の「みんなの力で防ごう児童虐待」「児童相談所事業概要」等を、児相の歴史等については私の手元に残っている資料や東京都発行の事業概要等も参考にさせていただきました。

事例の中には10年以上前のものもあります。その事例が「古くて今は役立たない」と考えるかどうかは読者の判断に委ねたいと思います。あえて言わせていただければ、過去の事例をしっかりと受け止め、改善への努力を怠ったことにより、過去同様のいたましい事件が今でも繰り返されているということです。

子どもひとりの生命は地球より重く、児童相談所の役割は住民から益々期待されています。「過去から学ぶ」大切さを、故・井上ひさし氏の残した言葉の一部から引用させていただきます。

過去は泣きつづけている
たいていの日本人がきちんと振り返ってくれないので。
過去ときちんと向き合うと、未来にかかる夢が見えてくる。
いつまでも過去を軽んじていると、やがて未来から軽んじられる。

（井上ひさし氏　「絶筆ノート」から）

●本書の構成について●

本著は五章構成となっています。

第一章は東京都と特別区における子育て支援の歴史について、あくまでも私の経験や感想も交えながら振り返っています。

第二章は果敢に児童虐待や非行相談等に向き合い、奮闘していただいた児童相談所職員の活躍をエピソードとして振り返っています。

第三章は、今なにかと権利擁護等で話題になっている一時保護所について少しだけ筆を走らせました。一時保護所の職員の日常は〝想定外も想定内〟ということについても私の経験も交えて触れています。

第四章は家庭養護について、里親さんたちとの日々について振り返りました。平成28年の法改正以降、家庭養護の充実が児童相談所に求められるようになりましたが、里親制度については、児童相談所を新設する自治体では直接知る機会も少ないのでは、と考えています。家庭養護はこれからの児童相談所の柱の業務の一つでもあり、少しでも里親制度について理解を深めていただきたいという思いで記載しました。

第五章は、この家庭養護を担う一翼として近年の東京都との里親支援に関わりが長い二葉乳児院から、副院長の長田淳子さんにお願いして、里親支援機関の役割や、フォスタリング事業の実際について執筆いただきました。各自治体の今後の家庭養護推進の一つとして是非、活用していただければと思います。

全編を通じて内容はエピソードごとに分かれているところも多く、ふらっとどこからでも読んでいただければと思います。なお、エピソードは、個人が特定できないよう、一部加工してあります。

新しく児相を開設する自治体は、子どもの最善の利益を追求し、そして様々な痛ましい児童虐待死亡事例等を二度と繰り返すまいという思いで改善が積み上げられてきた全国児相間の共通のルールについての「産声の時代」の背景も感じ取っていただければと思います。

とはいえ紙面の都合もあり、そのすべてを網羅することはできず、割愛した内容も多々あります。

職務を遂行していく中で時に逡巡し、各関係機関との軋轢に悩んだり、失敗したことも赤裸々に記載していますが、あくまでも私観としてであり、お見苦しい点はご容赦願いたいと思います。なによりも是非、厳しい中にも明るい笑顔を絶やさず働く職員の活躍に注目して欲しいのです。

最後になによりも児童相談所で私を支え続けてくれた各児童相談所の皆さんへの感謝の気持ちとエールを伝えたいと思います

「いってらっしゃい」「たのんだぞ」……猛暑の中は汗だくで、冷たい北風の中はコートの襟を立てながら、所を飛び出して行った職員の背中を頼もしく思った日々。そんな年月を振り、未来へとつなげます。

児童相談所職員は今、この瞬間も、子どもの笑顔を守るため、来てくれるのを待っている子どものために前へ前へと進みながら闘い続けているのです。

それでも児童相談所は前へ 目次

第4章 家庭養護の担い手とともに歩んだ日々……155

第5章 これがフォスタリング事業 …… 195

第1章

東京都と特別区の児童福祉行政の変遷

1 都内区市町村子ども家庭支援センターの黎明期

まず、東京都における区市町村「子ども家庭支援センター（都では子供家庭支援センターと記載）」について簡潔にふれておきたいと思います。このことが近年の都と都内区市町村児童福祉行政の歴史的背景の理解に欠かせないからです。

子ども家庭支援センターは、児童福祉法で定められた児童相談所でも、児童家庭支援センターでもありません。しかしこの子ども家庭支援センターは、しばしば学識経験者の中でも「東京都内の児童家庭支援センター」と語られたり、近年では類似する名称の児童相談所が全国に設置される時代となっており、その名称から児童相談所と混同されてしまうこともあります。何よりも都民はじめ都内の関係機関の方々も、その正確な役割と機能の違いについて正確に理解されている方は少ないのではないでしょうか。

東京都の子ども家庭支援センターは、東京都児童福祉審議会の「地域における子ども家庭支援システムの構築とその推進にむけて」についての意見具申を具現化するものとして、平成7年に開始された地域密着型の子育て支援機関のことです。

東京都独自の事業であり、その設置主体は、都内の区市町村です。地域における子どもと家庭への支援体制をこれまで以上に充実していくことが、この意見具申の骨子でした。当時の児童福祉審議会の意見具申を見てみますと、「福祉事務所設置基準と同様に、おおむね人口10万人に1か所程度を、地域を分担する形で並列的に設置すること」旨も提言されています。

この頃の子ども家庭相談体制の課題として「児童に関する措置権や立ち入り調査権を有する事案については、都の児童相談所が主として担うべきという風潮が依然として強く、地域に身近な区市町村を中心に、社会全体で支援していこうとする機運に欠ける（当時の意見具申より抜粋）」とも評されていたのです。

また、子育て相談体制の一次機関としての役割は、最も住民に身近な子ども家庭支援センター等が担い、二次機関としていくつかの区市町村を管轄する都内の児童相談所、そして三次機関としてこれらへの情報発信等を含む情報拠点として東京都の児童相談センター（中央児童相談所）を配置する3層構造とし、役割を整理して機能的に連携して支援にあたる必要性も提言されました。

子ども家庭支援センター（以下、子家セン）は、都内の各区市町村の身近な子ども相談窓口として次のような機能を担うこととされました。

- 児童家庭に対するケースマネジメントの手法による総合相談
- 緊急に家族から離れる状況にも対応できるショートステイ、トワイライトステイ等の実施
- 関係機関との連携による援助計画の作成・実施
- 地域住民同士がともに助け合える組織・グループの育成やボランティア活動の推進拠点

このような経緯で平成13年末には、都内全区市町村の約半数に子ども家庭支援センターが設置されるようになったのです。

私はたまたまこの子家センの黎明期の平成11年度に児童福祉司（以下、児福司）の職務を拝命し

ていました。当時はまだ地域の子家センの活動の多くは、子育て中の方々が乳幼児を連れてきてひとときを過ごす、いわゆる「子育て支援」事業を中心に運営されているところも多かったと記憶しています。

私の所属していた児童相談所（以下、児相）における所管N区との子育て相談に関する独自の連携は、N区内の福祉事務所の一角をブースとして間借りした、月数回程度の出張相談の形態が中心でした。N区内の方々が私たちの出張日にあわせて予約受付した上で、相談に来られていたのです。

また、具体的な子育て支援は、N区内の主任児童委員の方々との定期的な情報交換がその中心でした。月数回の出張相談の機会も活用して、児相が関わっている家庭への援助や支援方法を協議できる主任児童委員の方々との定期的な情報交換は、当該家庭の近況把握の上でもとても貴重な機会でした。

やがて平成16年に児童福祉法が改正され、市区町村が子どもと家庭への相談援助を行うことが明確に位置づけられます。このことを受けて都内の子家センにはこれまでより高度な対応が求められるようになります。

この時登場したのが「先駆型」子家センと呼ばれる新しい形態の子家センです。これは従来の子家センの機能に、市町村による「見守りサポート事業」の展開や、特に児童虐待防止のための家庭訪問などを含む子育て支援の強化を図る目的で、平成15年度に都独自に始まった制度です。平成16年当時はまだ都内に先駆型子家センを名乗るセンターは三か所しかありませんでした。

この「先駆型」と従来型の子家センが混在している時代は、所内にいた児福司から「S区の職員から『虐待通告のあった家庭を訪問しなければならなくなったが、先ずどのように対処したらよいかわからないので児相職員に同行してほしい』と言われています。」という会話が日常的に聞こえてくるような様相でした。つまり、児相業務である家庭訪問時のインテーク面接についても、何を聞き取る必要があるのか、区子家センでは初めての取組で戸惑いがあったのです。子家センが虐待家庭への家庭訪問・支援を開始し始める黎明期で、今となれば考えられない時代のエピソードです。都内全域の児童虐待対応状況の件数はまだ3千26件でした。

しかしその後、都と都内各区市町村の子家センとの機能連携は着実に進み、平成12年当時都内全域からわずか31件（総通告数の2・5％）だった子家センから都児相への通告件数は、平成15年には182件（同10・7％）と大幅に増加していきました。

平成17年度からは都児相と都内区市町村の子家センの新規受理統計もそれぞれ別々に公表されるようになります。都内全区市町村が対応した虐待件数（4千件）は都児相の対応総数（3千146件）を超える状況となり、基礎的自治体の対応力が問われる時代へと突入していきました。それでも依然として各区市町村間の配置人員数や、職員の専門性・対応力には格差があったと記憶しています。まだ都児相には、いわゆる「団塊の世代」とよばれる世代の、児福司歴7、8年以上の経験豊富な職員が各所に豊富に在職していた時代のことです。

2 要保護児童対策地域協議会の黎明期

東京都内に子家センの設置が進むのと同時に、児童福祉法の改正も続きます。平成16年に要保護児童（保護者のない児童、または保護者に監護させることが不適当と認められる児童）等の支援をより的確にしていくこと等を目的に、地方公共団体に「要保護児童対策地域協議会」が、児童福祉法第25条の2に「設置できる」旨規定されました。その後、平成20年4月には「努力義務化」されることとなります。

要保護児童対策地域協議会（以下、要対協）とは、要保護児童の早期発見や適切な保護を図るため、関係機関がその子ども等に関する情報や考え方を共有し、適切な連携の下で対応していくことを基本として児童福祉法により法定化された児童福祉に関する合議体のことです。

個人を特定する情報の保護については個人情報保護法や条例が国や自治体で制定されていますが、児童の安全に関する情報等のやりとりについては、この要対協に参加（参加メンバーについては国通知に基づき各自治体がそれぞれ独自に決定する）していれば守秘義務違反にはならない反面、児童の福祉以外の目的で情報を漏洩した場合には罰則規定が定められています。

この要対協は3層構造で構成され、それぞれの関係機関の長等で構成される「代表者会議」、各関係機関のスーパーバイザー等で構成される「実務者会議」、そして各担当者が実際の個別ケースについて検討を行う「ケース会議」の三層となっています。

ただし、この二層目の会議の位置づけは、当時から現場で実務にあたる私は現場感覚とは少し異なる違和感を感じていました。案の定、都内各自治体はその趣旨の範囲で、この二層目の実務者会議は独自の構成運営（障害児部会等を設置したりするところもありました）で発展していきます。

さて、この要対協の設置が各区市町村に加速する中、先駆型子家センへの人員・組織強化も拡充されていきます。

この設置が始まった黎明期に初めて児相長を拝命しており、めまぐるしく変わっていく基礎（的）自治体中心のしくみづくりに私は最初、大いに戸惑ったことを覚えています。

そもそも要対協ができたことによって、これまでの都の児童相談所の業務の進め方がどう変わっていくのか、についても恥ずかしながら着任当初は想像ができなかったのです。そして各自治体によっての取組にも温度差があり、その進捗状況はまだまだまちまちだったのです。

この時、都内子家センや要対協設置のモデルとなっていた自治体が2つあります。新宿区と三鷹市です。中でも三鷹市は私の所属する児相の管轄内にある子家センの一つでした。

要対協の会議に参加した折には、三鷹市内の警察署から「先ず真っ先に三鷹市子家センの職員に連絡する体制を署内で共有しています。」という話や、小中学校からは「困った時はすぐに子家センの職員が飛んできてくれて、こちらが相談したい関係機関を招集してくれる。その上で具体的な解決方法を会議の中で提示してくれるので助かっています」と報告があり、まさにモデル的な動きが実践されていたことを今でも鮮明に覚えています。

3 特別区に児童相談所が設置できるようになるまで

特別区に児相が開設できるようになったのは平成28年の改正児童福祉法によることはみなさんご承知のことと思います。

児童福祉法の一部を改正する法律（平成28年法律第63号）の附則第3条では、「政府は、この法律の施行後5年を目途として、地方自治法第252条の22第1項の中核市及び特別区が児童相談所を設置することができるよう、その設置に係る支援その他の必要な措置を講ずるものとする。」とされました。

しかし、特別区にとっての児相開設に向けた取組はもっと以前から始まっていました。かなり不確かな記憶までさかのぼると、それは昭和60年頃のことだったと思います。私が児童相談所に勤務しはじめていたその頃から、「まず一時保護所の機能から特別区に移管されるかもしれない」というような話が現場ではささやかれており、「特別区への移管反対」というビラが組合により配られていたと記憶しています。このことを裏付けるものとして昭和61年2月に「都区制度改革の基本的方向」が示されており、この中に児童相談所の事務の委譲を都と区で合意したとされています。（特別区長会ホームページより）。しかし、これが具体的な形となって動き始めたのはそれから後、平成の時代になってからでした。

平成20年6月、「第13回都区の在り方検討会幹事会」が開催されます。この中で児童相談所設置などに関する事務について区へ移管する方向で「検討」することで一致したのです。

当時、私も検討が打ち出されたことは小耳にはさんでいましたが、あくまでも「検討を始める」という段階であり、その実現性については、正直、遠い話と思っていました。

荒川区子ども家庭総合センター
（筆者撮影）

しかし、時代は急速に動いていきます。「都区の在り方検討委員会幹事会」において児相の問題は継続して協議され、この委員会とは別に都と区の実務者（管理職）で構成する「児童相談所の在り方等児童相談行政に関する検討会」が平成24年2月に設置されます。その中で翌平成25年11月には特別区において「特別区児童相談所移管モデル」が作成・報告されたのです。

私はたまたまこの検討会の都側メンバーの一人として参加させていただいていましたが、正直（あくまでも私の肌感覚では）、この検討会の話し合いは東京都と特別区の間で合意を得られたとはいいがたい状況だったと記憶しています。

それぞれの実務レベルの管理職が顔を突き合わせている検討会でもあり、

東京都からは（私を含め）「移管」という言葉に正直、強い抵抗があったのです。それは「移管」と「設置」はその意味が大きく異なるからです。「設置」は文字通り、特別区側が独自に児童相談所開設の用地確保から人員の採用含め実施することです。一方「移管」は、いってみれば「現在、東京都の所在する児相そのものを特別区に転換する」ということとなり、その転配属となる内容の中には都の児相人員も含まれていたからです。ただでさえ児童虐待への対応件数が右肩上がりで上昇し、都児相でも人材不足が深刻化している最中の「移管」提案だったのです。

一方で区市町村子家センの新規対応件数は平成17年（約4千件）と比較して平成26年には約1万2千件と、3倍以上に増加し、急増する虐待相談に対応する人員確保や体制整備が都内区市町村でも大きな課題となっていきます。以降、人員確保とともに特別区等の子家センター長には課長級の配置及び虐待対策ワーカー配置、スーパーバイズができる人員配置などが加速しました。

さらに某区内で発生した児童虐待死亡事例は、関係機関の行動連携不足が原因であったとして、この悲劇を二度と繰り返すまいという反省と教訓を踏まえて、特別区内（練馬区除く。練馬区は独自路線。以下、同様）には児相設置への期待が固まっていきます。こうした時代背景と法改正をうけた特別区児相設置が今、進んでいるのです。

第2章

職員のひたむきな取り組みの日々から

この章では、児相の機能と児童の定義等について簡単にふれた後、職員の日常の一幕をエピソード形式で紹介していきます。

児童相談所とは

児相がどのようなところかについては、すでにいくつもの書物に紹介されていますので、ここではごく簡単な説明にとどめます。

児相は児童福祉法第12条に基づき都道府県等に設置されている児童福祉の専門機関です。

児童相談所運営指針から、児相の設置目的と相談援助活動の理念三つを概括的に記しておきます。

(1) 市町村と適切な協働・連携・役割分担を図り、子どもに関する家庭その他からの相談に応じ、援助を通じて子どもの福祉を図るとともに、その権利を擁護すること

(2) すべての子どもが心身ともに健やかに育ち、その持てる力を最大限に発揮することができるよう、子ども及びその家庭等を援助することを目的とし、児童福祉の理念及び児童育成の責任の原理に基づき援助活動を展開していくこと

(3) この目的を達成するために、基本的に次の4つの条件を満たしていること。

①子どもの権利擁護の主体者である明確な意識を持っていること
②児童家庭福祉に関する高い専門性を有していること
③地域住民や子どもに係る全ての団体や機関に浸透した信頼される機関であること
④児童福祉に関係する全ての機関、団体、個人との連携が十分に図られていること

以上の旨が記されています。

具体的な相談の種別は、大きくわけて次の五つとなっています。

①養護相談……父母の適切な養育が傷病・入院等により欠ける相談や虐待相談等
②保健相談……虚弱児や健康面に課題がある児童への相談
③心身障害相談……知的障害児への判定・手帳の発行や児童の障害に関する相談
④非行相談……夜間徘徊等からくる虞犯・触法少年への対応。家庭内暴力・校内暴力など
⑤育成相談……性格行動相談。不登校児への相談等

2

法律によって異なる「児童」の定義

児相は前述のように児童福祉法に基づき原則18歳未満の児童を対象とした行政機関ですが、平成30年6月13日に、成年年齢を20歳から18歳に引き下げること等を内容とする民法の一部を改正する法律が成立したことに少し触れておきたいと思います。

民法の定める成年年齢は、単独で契約を締結することができる年齢という意味と、親権に服することがなくなる年齢という意味を持っています。

またこれまで女性の婚姻開始年齢は16歳と定められていましたが、今回の改正では、女性の婚姻年齢を18歳に引き上げ、男女の婚姻開始年齢を統一することとなりました。こうしたことは少なからず今後の児童相談所の業務にも影響を及ぼすことと考えられるからです。

この成人年齢の引き下げが決定した後、少年法による「少年」の年齢引き下げについても国の審議会で議論されましたが、こちらについては激論の末、現状のままとなっています。こうした法律が定める年齢については、本紙の発行趣旨からすると拡がりますので別の機会にゆずりますが、いずれにしても、児相の業務になんらかの影響を及ぼすことには間違いがありません。

参考として、各法律等に定められた児童等の年齢区分について表にしてまとめておきますので、基礎的な知識の一つとしてください。

各法律等に定められた児童等の年齢区分

法律名	法律における名称	年齢区分
児童福祉法	児童	18歳未満
	新生児	出生後28日未満
	乳児	1歳未満の者
	幼児	1歳から小学校就学の始期に達するまで
	少年	小学校就学の始期から18歳に達するまで
児童の権利に関する条約	児童	18歳未満
母子及び寡婦福祉法	児童	20歳未満
学校教育法	学齢児童	6歳に達した子の翌日以降→12歳に達した日の学年の終わりまで
	学齢生徒	小学校等の過程を終了した日の翌日以降→15歳に達した日の学年の終わりまで
少年法	少年	20歳未満
	特定少年	18歳及び19歳※注1
刑法	刑事責任年齢	満14歳
民法	未成年者	18歳未満　※2022年4月1日から
	(成年)	(18歳以上　※2022年4月1日から)

※注1　2022年4月　少年法改正施行予定

さて、第二章では私がこれまで経験してきた児童相談所でのエピソードを紹介します。なお各エピソードは事例の本筋に変更を加えない限りで、個人が特定されないように加工されている点をまずご了承ください。

エピソードはゆるやかな時系列に並んでいます。あくまでも私の見聞きしてきたことが中心に記載されていますが、今日の児童福祉法や児童相談所運営指針等がなぜ、頻繁に改正され続けてきたのか、について読み手の方なりに理解ができるエピソードもあるかもしれません。

たとえば近年、虐待死に至る児童の家庭が転居しているケースについてです。この転居事例への対応の不備がたびたびマスコミ報道されています。しかし、実はこうした悲劇を繰り返さないために、全国児童相談所長会には転居ルールが以前からあるのです。転居や一時帰宅時の申し合わせについては、国や児童福祉審議会等がトップダウンで技術的助言や提言をおこなったものではなく、皆さんと同じ現場の職員の方々から作り上げられてきたルールなのです。

すべては現場で汗を流してくれている職員一人一人の努力により、今日があることを知っていただければと思います。

また、いくつかのエピソードには、これから児童相談所を設置する自治体向けにショートメッセージも付記しました。特別区だけでなく、様々な自治体の児相新設にも参考にしていただければと思います。

この中にこれから登場するエピソードは、昨日のあなたの努力の証、そして児相等で子どもと家族を護る明日のあなたの姿かもしれません……。

○鬼の形相で私をにらみつけた幼児

まずこのお話はとても古いお話です。平成11年4月1日、私は児福司を拝命しました。この児相には6人の児福司が異動してきました。新任地に到着後、異動職員は、執務中の職員達の前に並び立ち、「それでは一番、若い司の方からひとこと自己紹介を」と挨拶を促されました。

当時もう四十歳を過ぎていた私は、「誰が一番若いのかな?」と他人事として立っていました。が、「あなたからですよ」と、私が指名されたのです。「えっ!……私が一番、若い!?」気がつけば、その他の方々は五十代の児福司でした。

(ちなみに、平成11年当時の「児童福祉司会調査記録」によると、106人のうち、55歳以上が49人、45歳以上が48人。私は全体の中でも6番目に若かったのです。令和となった今ではとても考えられない状況です。）

この平成11年には、東京都では初めて児福司業務に係制が導入されます。スーパーバイザーとして、児童福祉分野での勤務経験が豊富なベテランの職員から児童福祉係長に任命された初年度でした。これまでの児福司の配置は、都では古くは課長級、そして昭和後期は係長級の職員のみで構成されており、児相の所長直属の位置づけでした。ここに係制度が導入されたのです。

現在の児童福祉法第13条第5項によると「児福司のスーパーバイザーは、児福司及びその他相談担当職員の職務遂行能力の向上を目的として指導及び教育に当たる児福司であり、児福司としておおむね5年以上勤務した者でなければならない」とされています。この配置はまたたく間に功を奏し、新人職員育成の要として、あるいはケースワークの助言・決定プロセスへの責任者として定着していくこととなります。

さて、この係長のもとで、新人児福司の私にも初めて「立ち入り調査」をする機会がめぐってきました。児童虐待の防止等に関する法律9条1項では、「都道府県知事は、児童虐待が行われているおそれがあるときは、児童相談所の職員等に、立入調査をさせることができる」と記されています。この法律に基づき、家庭調査をし、児童を保護することとなったのです。保護者の意向に反して児童を保護することは、正直言って当時の新米児福司の私にとってかなり荷が重い仕事でした。

しかしこの家庭の幼児は母親からほとんど食事らしい食事を与えられておらず、体重も平均体重の二分の一近い状態という情報が保健所から入っており、これが私のためらう気持ちを前へと押し出しました。

日差しが熱いぐらい身体をつきさす朝、私たちは立ち入り調査を敢行しました。幸い、自宅のドアは母親が開けてくれましたが、家庭内に多くの職員が入ってきたことに母親はいつもの訪問との違いを感じ取り、苛立たれていたかもしれません。何か激しく言いかえされていました。私の役割は、ベテラン児福司が母親と会話をしているうちに、優しい顔で幼児を保護することでした。

そして私にその役割を実行するタイミングがやってきたのです。幼児に近づき、できる限りの笑顔で、「よかったね！　助けに来たよ！」と、このような気持ちで近づきました。この言葉に幼児が笑顔になると信じて。

しかし、その期待はもろくも崩れてしまいました。その幼児は私の顔を「何しにきたんだ」といわんばかりに「キッ」と鬼の形相でにらみつけ、母親の腕にしがみつき離れなかったのです。すかさず係長から声が飛びます。「早く子どもを引き離して！」。私はこんな状況にあっても子どもは母と一緒に暮らしているほうがいいと思っているのか……と胸を痛めながら幼児を準備していたワゴン車に乗せました。

私は数十年たった今でも、あのときの幼児の瞳の鋭さと胸の痛みを忘れられません。そして今日も現場で汗を流している児福司たちも、時には同じような気持ちで心の中では葛藤しながら闘っていることもあるのではないかと思うのでした。

○タイの日本領事館を相手に児童の安全確認

A児相時代には、アメリカで児童虐待対応ワーカーを経験した後、都の任期付き児福司に採用されたKさんがいました。Kさん（以下、K児福司）は米国在住時に子ども家庭を支援する団体で働いていた経験もあり、英語力が極めて堪能でした。

このK児福司のもとにある日、不登校相談が小学校校長から入りました。聞けば小学校に通う一年生の男児Tが、新学期開始以降、一度も登校していないということでした。このT君は日本人の父とタイ国籍の母の下で生まれ育ち、現在父子家庭。最近、この家族が学校からの連絡に全く応じなくなって困っていた矢先とのことでした。

さっそくK児福司が家庭調査にのりだしました。父と接触を試みましたがつながらず、膠着状態になりかけた末、ようやく父と連絡がとれ、「男児Tはタイに出国した。日本語がうまく話せずタイに帰りたいといったから親戚のところに帰した」という情報を得ました。しかしこの情報をうのみにするわけにはいきません。出国したということ自体が虚言で、日本国内で死亡もしくは事件にまきこまれていることも考えられたからです。K児福司の懸念は膨らんでいきました。

直ちにK児福司は東京入国管理局に出国の確認調査をするとともに、タイ国日本領事館への調査協力依頼作成や、父が語ったタイ国内の住所を所管する児童・福祉機関と流ちょうな英語で連絡を取り、T君の所在と安否確認作業にあたることとなりました。

その結果、どうやら「タイ国内で生活している」ことがタイ国日本領事館からの情報として確認されました。ありがたかったのは、広いタイ国内にもかかわらず、当時の日本領事館職員の方が、このタイ国内でも交通の便が悪くバスも通っていない遠方の地域に生活しているT君の居住場所まで視察に行き、生存していることを確認していただいたことでした。（通常、あまりあることではないと考えられます。）この当時は、東京に限らず東南アジア諸国から結婚や就労目的で来日する女性も増加しはじめ、国籍やライフスタイルの違いによる外国籍児童への不適切な養育も見受けられることが増えてきた時代でした。

本件は幸い安否確認ができたわけですが、英語が母国語のように使用できる職員がA児相にいてくれたことは、通訳等を介する必要がなかった点だけでも大変、ありがたかったです。タイ国の領事館職員が現地までわざわざ確認に行ってくれたのも、K児福司が様々な在外内機関に流ちょうな英語を駆使して情報収集し、それを日本領事館に伝えていたことによるものでした。

これから児相をつくる自治体へのショートメッセージ

高齢社会の今、若年労働者層の不足が日本の社会保障制度を維持していく上での課題にもなっています。こうした中で政府は、外国人労働者の積極的な受け入れ策も推進しています。

これからの児相には海外からの人口流入増に対応した、多様な文化や価値観（ダイバーシティ）を背景とする貧困・児童虐待・非行児対策等に取り組んでいくことも必要となっているのです。

外国人労働者として入国した家族に要保護性のある児童が発見された場合などは、そもそも出生届がなされておらず無国籍となっていることもあります。戸籍の作成や家族の在留資格の確認などを含め、出入国在留管理庁（旧・入国管理局）や事例のような在日各国公館とのやりとりにも対応していくこととなります。都児相で平成27年に作成された「外国籍児童の相談の手引き」なども参考に実務を進めて下さい。特に外国籍家族とコミュニケーションをとる際の通訳経費などは限られている自治体も多いと思います。各国の事情に精通した国内のボランティア団体等の情報も貴重です。

○履いてきた靴下は捨てて帰る

A児相の所管区域は閑静な住宅街が多く、地域柄虐待とは無縁な印象すらあります。事実、都の児相職員間でも当時、「異動したい」児相のベスト3に入っていました。しかし、現場の児福司はそのような勝手に作られたイメージとは裏腹に日々、格闘を繰り返していたのです。

当時、児福司の中には、靴下の予備を何足もロッカー内に常備している職員がいました。家庭訪問調査から帰る際に履き替えるためです。

ある日、アルコール中毒の家庭に住む子どもへのネグレクト通告が住民から児相に入りました。さっそくこの地域担当のT児福司が家庭訪問調査に行くこととなりました。家庭訪問した際、担当のT児福司をまず迎えてくれたのは目を刺すような異臭でした。（目を刺す異臭とは意味不明な表現ですが、悪臭がひどくなると鼻での嗅覚だけでなく、目にもささるような体感に見舞われることは私も経験しています。）

しかし、ここでT児福司は、顔を曇らせるとコミュニケーションがとれないと、必死に悪臭をこらえて室中へと入っていきます。靴を脱いだ次の瞬間から、T児福司は次の一歩をどこに下ろそうかと逡巡。居間に続く玄関の板の間にまで、母が飼っている猫や小鳥の糞尿でじっとりと湿っていたからです。「引き下がりたい……でも、この中で子どもが生活している……」。T児福司はここの中でただひたすら子どもがどうしているかだけを心配して、何年間も陽にあたらず、カビまでが見えて湿った畳の上を、靴下にしみこんでいく何かわからない冷たい水分を足裏に感じながら一歩を踏み出しました。

そしてT児福司は母に笑顔を絶やさず、子どもの現認（生存しているか、健康で生活しているかを直接目視で確認すること）だけに意識を集中しました。

幸い、子どもはT児福司の必死の様子などお構いなしに室内で漫画を読んでいました。日常的な食事の様子や入浴ができていないこと、そしてなによりも現在の室内は不衛生なことをわかりやすく伝えましたが、母子ともに全く理解していない様子でした。生まれつきネグレクトの状況に慣れきってしまっていた子どもにこの状況を不適切と理解させることは、教科書に書いてあるほどたやすいことではなかったのです。母も子どもの頃からこのような暮らしを続けてきた方でしたから、不衛生さ一つとっても理解していただくのはとても難しいことでした。

家庭訪問が終わった後、ほっとしたT福祉司は靴下の側面が黄色や黄緑色に変色し、足裏も粘り気を帯びていることで我に返りました。これが現場です。それでも児福司は、こうした家庭に入ることを子どものために厭わないです。

このT児福司は所に戻ってきて明るく「靴下、捨ててきちゃった！」と、笑顔で語ってくれていました。このタフさとしなやかさが児福司の素養に必要なんだ、と私は思い、家庭訪問してくれたT児福司に深く感謝しました。

母子関係は悪い状況ではなかったですが、生活環境としてはふさわしくないためこの家庭訪問から数日後、子どもは一時保護となりました。一時保護についてもT児福司は母と子どもにそれぞれの目線に立った丁寧な説明を繰り返しました。

後日談ですが、このT福祉司は、母親から「あの時、声をかけて（子どもを保護して）くれてよかった」と感謝されています。しかしこうした感謝事例は残念ながらとても少ないのが現状です。この事例はきっと、このT児福司の母子を思う気持ちがしっかりと伝わっていたからだと確信しています。

これから児相をつくる自治体へのショートメッセージ

この原稿の執筆を行っている今、新型コロナウイルス感染症が日本だけでなく世界中を震撼させています。今回のエピソードは不衛生な家庭への家庭訪問でしたが、こうした家庭の訪問時に、家人が感染症に罹患していることも想定内であり、感染症への予防対策については万全を期すことが大切です。

かつて私の所属していた児相では、インフルエンザの予防接種を、児相内で児相のかかりつけ医師から接種（有料）できるよう工夫しました。忙しい児相職員ゆえ、予防接種のために医療機関を受診する時間もなかった状況だったためです。

ひとたびインフルエンザに感染すると、「人」が「宝」の職場にあって欠員は大きな痛手になるため、児相にいながらにして予防接種を受けられるように配慮したのです。

新型コロナウイルス感染症はいつおさまるかは見通せませんが、児相を新設する自治体にあっては、第一線の職員を健康面から護るための感染症対策が欠かせません。フェイスシールドや防護服等、感染拡大防止のための予算措置はこの新しい生活様式の時勢にあっでは、もはや想定内なのです。

○隠し扉から退庁

母親が子どもを小学校に登校させない事案が発生しました。聞けば、「外の空気を吸うことが子どもに悪影響を与えるから外出させない」という理由で登校させていないということでした。

この家庭は春から夏にかけて度重なる学校の家庭訪問にも応じず、児童相談所からの連絡も拒否し続けて子どもの教育の機会が失われていました。このため、児童相談所は警察官の協力も得ながら立ち入り調査を実施し、長女R子を緊急一時保護しました。

さてその日の夕方、母親は父親を同伴し児相にどなりこんできました。母親は生後三か月の乳児を胸に抱きかかえての来所でした。

来所した際、母は「さきほどは警察がいたからおとなしくしていたけど、随分乱暴なことをしてくれましたね。子どもをすぐに返して下さい。返してもらうまでここを動きませんから！」と、居直る態度を示しました。しかし、児相としてはR子を今すぐ母親のもとに返すわけにはいきません。しばらくお預かりする旨を繰り返し伝え続けました。

その後1時間近く膠着状態が続き、母親はしびれをきらせたか、思いもよらぬ行動に出たのです。「そうですか……じゃあ、私、ここでこの子（三か月の乳児）にこれ飲ませますよ！」と、どこで入手したのか、母は睡眠剤と語る大量の白い錠剤をバックから取り出し、乳児の口に入れようと試みだしたのです。私はその手を、同席していた他の児相職員とともに制止しましたが、「さわるな!!　ここでこの子を殺す!!」など支離滅裂な脅し行為に出てきました。

母親の息があがるまで格闘し、ようやく落ち着かせたものの、「子どもを返してくれるまでここを動かない」との一点張り。ようやく父親が「今日は無理だから……」と説得にまわり、児相の玄関を出ていきましたが、母は「このままじゃ、だだですまないからな。おぼえていろ。」と捨て台詞。我々はこれで一見落着かと思いきや、所の玄関を出たところで2人で職員を待ち伏せるように居座っているのがわかりました。

すでに夕暮れ時を迎え、職員が帰宅する時間が近づいてきましたが、これまでの母親の特異な言動から帰宅時にあとをつけられないかと怯える職員も出始めました。短時間の出来事であっても、はじめてこうした光景を見聞きした職員にとってはトラウマになるぐらい衝撃的なものだったのです。

そこで私と係長が考えたのが「隠し出口」からの退勤でした。この児相には、一時保護所はなかったものの、火災時等を想定して緊急の出口のような場所が設定してありました。しかも幸いなことにこの緊急出口を使用すると、玄関に居座る父母と目を合わすことなく退勤できるのです。職員は次々とこの「裏口」から退勤し、それを父母に知られることもありませんでした。

これから児相をつくる自治体へのショートメッセージ

児相を訪問する方々はさまざま。事例のようなケース発生時に退勤する職員の身を守る意味でも、こうした第二の出口が役に立つことがあります。一時保護所を併設する児相においてー時保護所専用の玄関を分ける配慮は当然ですが、これに限らず所内の面接室で有事が発生することや帰宅時にあとをつけられることも想定内です。利用者のプライバシーに抵触しない範囲で、防犯機材等の配備等にも、職員と利用者の動線を想定しながら建物設計を進める必要があります。時には児相勤務経験者の意見も参考に聞いていただくことが、さまざまな事態を想定した設計図面の検討に有効です。

○「今からこの赤ちゃんと電車に飛び込みますから」

前述の話にはまだ続きがありました。一時保護児童を返してもらえなかった父母はその一週間後、新たな策で子どもの引き取りを要求してきたのです。この母から所内に一本の電話が入ったのです。「大変です！ あの母親が『今日、子どもを返してくれないならこれから乳児と心中する』と連絡してきています」と担当児福司が青ざめて伝えてきました。

聞けば都内のN駅ホーム上から、母が「児相が私の要求を受け入れないと、乳児とともにホームから飛び込む」、と言っている様子でした。電話口では、確かにプラットホーム上にいることがわかる入線電車のアナウンスも聞こえていました。駅名もどうやら本当の様子。母親の精神状態が通常ではないことは事前情報で医療機関から入手していました。

このため、緊急事態として対応を開始。しかし児相職員も現地に向かう時間的余裕がありません。直ちに、特定されていた駅に電話を入れ、ホーム上で乳幼児を連れた母子が飛び込み自殺を図ろうとしている可能性があるため、緊急配備で行為を阻止してほしい旨の連絡を入れ、同時に所管警察署にも対応を依頼しました。

結果として該当する母子がホームでは見つからなかったということとなりましたが、その後数日間は新聞やテレビでこの母子心中が報道されないかどうか、児相職員は生きた心地がしませんでした。

これから児相をつくる自治体へのショートメッセージ

この事例は、まだきょうだい受理の重要性が国からも発出されていない時代のエピソードで、当時は虐待の事実が明確でないケースは受理もしていないことが多かったのです。その後、児相が受理していなかったきょうだいが虐待死する事件が続いたため、平成19年の児童相談所運営指針等の改正により、通告のあった児童だけを受理するのではなく、そのきょうだいも虐待を受けている恐れがないか調査及び一時保護の積極的な検討・対応を明確化することとなりました。

子ども家庭への対応は、時に事例のような公共交通機関への緊急の協力要請となることもあります。少なくとも日頃から児相管轄の要対協メンバーとは「顔の見える関係」づくりが大切です。

○小児がんで余命いくばくもない乳児にも生命の輝きが

S医療センターから「育児に消極的な母親がいる」と連絡が入りました。聞けば、「乳児が顔面小児癌になっており、今後の余命確率は癌の進行にともない極めて低い。このため母親は育てる意欲を失ってしまっている。」というものでした。

担当となったT児福司は直ちに病院に向かい母子と面談。母は生気なく、廃人のように表情が暗かった様子でした。T児福司は、「それでも育てることが母の務めではないですか」と丁寧に説明しましたが、母の気持ちは変わらない様子。

数日後、一定の医療行為は終了し、癌の進行も安定しているため病院を退院する日が近づきましたが、母親は家庭に引き取る気がありません。T児福司は乳児院への入所を検討することとなりました。しかし、どの乳児院もこのような乳児は預かった経験がない、と断られてしまいました。この時唯一、入所可能と手をあげてくれたのが、A乳児院でした。ただし受け入れに当たっては、いくつかの条件が乳児院から示されました。

その条件とは、「母親への引き取りの可能性を引き続き、T児福司が指導していくこと」「一週間に一度は必ずT児福司が面会に来て、乳児の様子を把握すること」等でした。これは当時の児福司の抱えている案件数からしても、かなり厳しい条件でした。

それでも通常は預かれない乳児を預かってくれる乳児院が一か所でもあったことは幸いでした。この乳児はその後A乳児院の手厚いケアですくすくと発達していきましたが、発達が著しい乳幼児の時期ということもあり、癌の進行も進んでいきます。この間、T児福司はA乳児院への訪問はもとより、母親宅の訪問を絶やさず母親への母としての役割への説得を繰り返し続けました。

これが実り、母親のこの子への愛情もやがて芽生えていきます。A乳児院への母親面会も日を追うごとに増えていきました。そしてこうした目に見える母親の子への愛情の変化は、乳児院側の母への、そして担当児福司への信頼にも変化を与えていったのでした。

結果としてこの子は二歳の誕生日を迎える前に天国に旅立ってしまいましたが、担当のT児福司はこれまで面倒を見てくれたA乳児院に深く感謝するとともに、母親が「母親」となってこの子を支え続けた日々を高く評価しました。母の気持ちを変えたのはA乳児院の適切な健康管理とともにT児福司の献身的なケースワークでした。子どもが亡くなった後も、母に「子どもの生きた時間は、はかなかったが、きっとお母さんの笑顔に包まれて幸せだったたですよ」と伝えた際、母は本当に感謝しているという気持ちを涙を流しながらT福祉司に語ったのです。

私たちはこの事例を通じて、乳児院のありがたさと、児福司の誠実な関わりによって保護者の気持ちは変わるんだ、ということを学びました。時は流れ10年以上経た今でも、当時から在職している乳児院の理事は、このT福祉司の献身的な母子への取組を覚えて下さっているのです。

これから児相をつくる自治体へのショートメッセージ

こうした一人ひとりの児福司の一つのケースへの地道で誠実な取組みが、児相そのものの評価となってその後の関係機関との関係を良くすることも悪化させることもあることを知っておいてください。

とくに児童福祉施設との関係ではケース対応がそのまま、児相の印象となり、その後の受け入れ時の「見えない壁」となってしまうことを私は経験してきました。

この事例は結果としてはとても悲しい結末でしたが、施設と児相、そして母親と子どもの信頼関係の絆を深めた、ひとりの児福司の、献身的な取り組みの好事例なのです。

○現場職員の発想が全国の児相間ルールに

―一人の職員のアイデアが発端だった転居の際の全国児相間ルール―

私がA児相に着任した平成16年当時は、児童虐待による死亡事例がマスコミに報道されると、必ず児相がその矢面にたたされている時代でした。記者会見では全国各地の児童相談所長が深々と頭を下げる場面が報道され、「明日は我が身」として実が引き締まる思いで仕事に取り掛かっていました。

その頃、都児相も例外ではなく、痛ましい児童虐待で死亡してしまう児童がいたのです。こうした事例を二度と繰り返さないことを目的として、都児相内で独自に検証する「児童虐待死亡事例検証会」というPT（プロジェクト・チーム）がありました。その年度の座長を新任所長の私が務めさせていただくこととなったのです。まだ国の児童虐待死亡事例検証会の設置以前の時代のことです。

この検証委員会を進めていく中で、私は何か物足りなさを感じたのです。このPTでは毎年検証した結果を年度末に定例報告集としてまとめていましたが、せっかく優秀な児福司が各所から多忙な中、出席し熱心な議論をしているのに、その結果が具体的な取組みとして活かされていなかったのです。

毎回参加してくれている委員は本当に真摯に議論しているにもかかわらず、これまでは報告書を作成するだけに終わっていたのです。

そこで私は、これまでの個別の児童虐待死亡事例検討報告にとどまることなく、先ず、そこから導きだされる共通のリスク要因がないか、を委員たちと分析する方針を打ち出しました。これが実を結ぶかは正直、わかりませんでした。しかし、現場職員の声をなんとか活かしたい、この一心で委員会を重ねました。

当時、検証できた死亡事例は数例でしたが、やがてこの検証事例の中に一定の傾向が見え始めてきたのです。それは、「検証した児童虐待死亡事例のほとんどが転居を繰り返している。」ということでした。

しかし、それは「共通点」としてでてきただけで、それが何を意味するかはまだわからなかったのです。今でこそ、国もこの転居について「虐待の大きなリスクの一つ」と通知していますが、平成16年当時、厚生労働省児童家庭局の児童虐待に関する通知を見ても、転居を繰り返すことが虐待のリスク要因の一つであると指摘していた箇所はありませんでした（平成19年の社会保障審議会児童部会報告書に初めて「転居時のルールが不明確である」と記載されています）。いわば、この転居に関してのリスク要因を、東京都児相の検証PTに参加している児福司たちが発見したのです。

このため、この「転居リスク」に焦点をあてて、日頃の業務を通じて所管内の児相から転居していく、あるいは転居してくる事例が都内外の児相間でどのような対応となっているのかを自由に意見として検討会で出し合うこととしました。。

すると、そこでは驚くほどさまざまな意見が、転居事例への対応として「困っていること」「なんとかならないかと思っている」こととして出てきたのです。以下いくつかの意見を紹介しておきます。

例①　「虐待を受けていた児童が、A児相の所管区域から転居してしまったので、転居先を所管する都内のK児相にその旨を連絡し、『あとはよろしくお願いします』と電話を入れた。
しかし、転居先の児相からは、「そっちがそこまで面倒みていたなら、距離的にもそちらの児相のほうが近いんだから相談終結までそっちで面倒みてもらえないか。こちらの児相でもそう対応しきてている。」と言われてしまった。

例②「そっちの所管区に転居したが、当方の児福司とかかわりが良好なので当方が引き続きケースワークをする。難しい親だからそちらの児相の児福司には対応は無理と思う。」といわれた。

例③「T児相から『母が住民票をそちらの児相所管内に移動させたので移管ケースとして対応してほしい』といわれたので家庭訪問したが、誰も住んでいない。それどころか実際は、まだ以前のところで暮らしているのだが、こちらで受理して関わるべきなのか困っている」

例④「私は、『転居したのでそちらでお願いします』といったのに、相手先の児相からは『いや、そのようには聞いていない』と言われている。このやりとりを続けているうちにも虐待がどんどん深刻化し困っている」

このようなことが都内児相間だけでなく、全国の児相間でもあることがわかりました。誤解を恐れずに書きますが、ベテラン職員の流儀や、全国各地域の児相独自の児童相談所運営指針の解釈と、いわば「ローカル・ルール」が転居したケースへの対応の壁となっていたことが明らかとなったのです。

つまり、ケースの転居に関する移管等の記述は児童相談所運営指針（当時）に文言としての記載こそあれ、肝心の転居等に対する具体的な取り組み方法やその定義・運用ルールについては書かれていなかったため、「記載されている内容の解釈」が、都内だけでなく、全国の児相間でそれぞれまちまちだったのでした。その結果、児童虐待で生命を落とす児童もいたのです。

・一人の児福司のつぶやき発言が東京都内児相の共通ルールに

「なんとか都内児相間だけでも転居したケース（家庭）についての共通ルールが作れないか」。そんな私の思いは、死亡事例検証PTの各委員も皆、同じでした。委員から「転居した場合のルールをつくりましょう。」「ルールとする以上わかりやすく、できる限りシンプルなものがいい」等々の意見が続きました。

この作業にあたったのは現場から選出された優秀な福祉司たちでした。そんな中、委員の一人でいつもユニークな発想を提案してくれていたS児福司から「転居したら、転居する前の児相がかかわっていたのと同じ援助方針を引き継ぐというのはどうでしょうか？」と発言があったのです。

今から考えればごくあたりまえの発言でしょう。しかし、当時の児相間では他県はおろか、都内の児相間でもできていなかったことだったのです。このシンプルな内容をしっかりルールにしようという発言でした。この意見をPTで採用することとしたのです。

この「共通ルールを作る」という検討を重ねていく過程では、これまで児童相談所運営指針の中でも定義づけがあいまいだった用語が次々と現場意見として具体化されていきました。

たとえば「転居」についてです。このたった二文字の短い言葉の解釈一つとっても、都児相間・全国児相間でその解釈があいまいで、全国各児相まちまちだったのです。いわんや「移管」や「情報提供」についてでは、でした。こうした用語について、独自の解釈の余地があることが児相間の転居による引継ぎ時のトラブルになって、児相間のかかわりの溝となり、リスク要因の確実な引継ぎに支障をきたしているということに委員たちは着目したのです。

そこで、このPTでは共通認識が各児相間ででできるよう、できる限り複雑ではなくシンプルな定義づけ作業を行おうとなりました。

やがてこれらは、死亡事例の検証報告の際、「転居の際の情報伝達不備が虐待リスクの共通の要因」と報告書に記されました。そしてその具体的な改善策として、「都内児相間の転居に伴う情報提供と移管の都内ルール」が都のPT委員たちから創り上げられたのです。

この現場の児福司等が集まって検討を重ねた結果は、都内の児童相談所長会でも認められました。このルールづくりの発端の発言をしてくれたS児福司と、これをルール化するために労を尽くしてくれたPT委員のみなさんは、まさに「現場」の底力を見事に発揮してくれたのです。

○一時帰宅中に虐待死亡事件が発生

さて、この都内児相間の転居に関するルールづくりが行われているのと時を同じくして、隣県(K県)で施設からの一時外泊中に児童が保護者から虐待を受けて死亡してしまう事件が新聞報道されました。K県児相により県内施設に措置されていた児童が、他県(T県)に転居した保護者のもとに「年末年始だけ」という保護者の約束で一時外泊することとなり、その中で死亡してしまったのです。

年末年始やゴールデンウィークの際の一時帰宅等はそもそも児相の関与が少なくなるためリスクが大きいのですが、K県児相で措置中の児童が一時外泊するT県は、K県から遠方にあったのです。

このため、K県児相はT県児相に「T県内に一時外泊中の児童家庭の調査を依頼」しようとしたのですが、K県にて措置中の児童ということで調査協力を得られなかったのです。

結果として児童は一時帰宅中にT県在住の父に浴槽内にとじこめられたり、水をあびせられたりし、亡くなってしまいます。

この悲しい事件を受けてK県の児相長から「他県に一時帰宅した児童の安全確認について、関東児童相談所長会として共通ルールを作成したい」、という依頼が都児相にも来ていたのです。このルールづくりの会合を関東圏の児相長何人かで集まり、実施することとなりました。そしてたまたま、転居ケースについての児童虐待死検証を行っていたPTに所属していた私を、この検討メンバーに選出していたくこととなったのです。

会合には、関東一円の県からの参加を考慮し、都内S児相が選ばれました。私は当初、もっぱらこのK県の提案についての協議に応じることだけを考えていました。しかし、検討後の飲み会（毎回、かなり遅い時間からでしたが）の中で、協議に参加していた各県児相も、転居した際の児相間の情報のやりとりのしにくさに頭を悩ませていたことがわかったのです。そこで都内で行っている転居の際のルールを紹介したところ、「この際、関東県内児童相談所の申し合わせとして転居のルールも盛り込もう」、ということになったのです。

余談ですが、期せずして日常業務の中で他自治体とは異なる用語が使用されていることも明らかとなりました。たとえば、「ケース対応の終結」を東京都では「助言終了」と表現していますが、K県では当時「閉止」と呼んでいました。

こうしたことを含めて、「せめて要保護児童が転居した場合や、施設や保護所から一時帰宅した際の対応を関東全域の児相間では、同じ理解で進めていくことが必要。」ということを理解しあい、児童相談所運営指針に記載されている言葉の定義についても一から再検討が進められました。

会合は時に深夜に及ぶこともありましたが、どの県からの児相長も疲れた様子は見せず、ルールづくりに取り組んでいきました。皆、「二度と不幸な事件を起こしたくない」という思いでいっぱいだったのです。

この場で検討を重ねた「一時帰宅の際のルール」と、「転居の際のルール」については、改善に改善を重ね一定の文章となり、関東圏の児童相談所の共通ルールとなり、その後、全国の各児相から様々なルールへの改善意見をいただきながら、紆余曲折の末、「全国児童相談所長会申し合わせ」として平成19年（平成28年一部改訂）に公表されることとなったのです。

これが現在のいわゆる転居と一時帰宅の際の全国ルールであり、児童相談所運営指針に記載されている内容の産声期のエピソードなのです。

近年、この自治体を転居した際の情報の伝達についての全国児相間の実務ルールが、他県においてしっかりと運用されておらず、痛ましい児童虐待死亡事件となったことは記憶に新しいところです。

今日も汗を流して働いている児福司の皆さんは、一時帰宅のルールも転居に関するルールも、現場で働いている職員からアイデアが生まれ、作成されたルールであるということをあらためて覚えておいていただければ幸いです。

この転居ルールについての詳細については、国の児童相談所運営指針・全国児童相談所長会長発出の通知等を一読いただきたければと思います。

ちょっと一息

《全国児童相談所長会申し合わせ》

被虐待児童の転居及び一時帰宅等に伴う相談ケースの移管及び情報提供等に関する申し合わせのポイント

(1) ケースが当該児童相談所の管轄区域外に転居したことに伴う、

① 「移管」するケースとは、当該児相で①援助方針が決定していない「継続調査」中のケース ② 児童福祉司指導」及び「継続指導」中のケース等

② 「情報提供」となるケースは、当該児相で状況の改善が図られ終結したケースであって、なお状況の変化等により虐待の再発のリスクが消失していないために転居先の児相に情報として伝えておくことが必要なケース

(2) 「転居」の定義について

「転居」とは、住民票上の異動の手続きが取られていると否とに関わらず、現にこれまでケースを取り扱っている当該児童相談所が目視調査等により「居住の実態を確認できた時点」の状況を指す。一般的には、これまで関わっていた児相が転居先を訪問し、生活実態を確認する。しかし遠方等の場合等は、転居先の児相に居住実態の確認のための援助依頼を行うこともできる。

※これは本文の一部を抜粋したものです。詳細は本文をお読みになり、しっかり理解しておいてください。

○異動発令が出た瞬間から「訴えられる人」に

平成19年3月も最終の週、私は児童相談所の会議に参加していましたが、その最中にB児相への異動の内示を電話で受けました。その後発令が出るや否や、この時点で前任B児相長から「裁判になっている案件があります。訴えられているのはこれまでのB児相の対応についてです。4月1日着任したらその日にただちに対策会議を開催してください。」と矢継ぎ早に連絡を受けました。

早速、4月1日の夜、これまで関わってきてくれたB児相の協力弁護士と、B児相の主だった職員が集まり、今後の対応策について検討を始めることとなりました。

当時、B児相は乳児院への入所までの手続きや保護者への説明をめぐり、保護者と対立し裁判となっていました。その案件に私が、異動発令が出た瞬間から「訴えられる当事者」となったのです。案件の詳細に触れることは割愛させていただきますが、この事案が生じた平成19年あたりから、学識経験者の間では児童の児童虐待死亡事件を検証し、「児相はもっと与えられた法的権限を活用して児童の最善の利益を保証すべき」という意見が多く出はじめます。その一方で「児相は虐待の予防のためにも保護者への指導役割を強化すべきだ」という意見も目立ってきました。

この「保護者への援助・支援と介入」という相反する二つの課題に対して、現場からは「鬼の顔をして緊急保護した後、仏の顔で保護者と接することは児相の役割として困難」という声が湧き上がっていくのもこの頃です。

話は少しそれましたが、異動の発令が出て、直ちに次に赴任する児相の重大案件に着手しなければばならないこととなって正直、気が重くなってしまったのを覚えています。しかし、これまでB児相内での案件と向き合っていた職員たちが実に緻密な調査結果を記録として残しておいてくれたことにより、児相の対応を裁判所にしっかりと伝えることができる材料はそろっていました。

その後の裁判では、「児相が、対象児童の保護者にどの程度、一時保護についての説明を行ったのか」「保護者の子育て姿勢についてどの程度の援助・支援を行ってきたのか」「今後の保護者指導の具体的なプログラムを示すこと」等も焦点となりました。前述したごとく、児相は法的介入だけでなく、保護者の子育て支援をどの程度サポートしていたか、していくかが、この事案でも問われたのです。

これから児相をつくる自治体へのショートメッセージ

新しく児相を開設しようとする自治体は、「その日から当事者」ということをあらためて理解していただければと思います。異動初日であっても時期を逸しない対応ができる人材を重層的に育成・確保していくことが重要です。「開設してから順次……」という時間的猶予が許されない現場なのです。

開設間際の一日前でも、これまでの児相が「48時間現認ルール」のもと、現認調査中として動いているケースの担当が新設児相に引き継がれることとなります。

ちょっと一息

現認のための「48 時間ルール」と「きょうだい受理」について

平成 18 年 10 月、京都府長岡京市で３歳児が食事を与えられずに餓死した児童虐待死亡事件が発生しました。保護責任者遺棄罪に問われた父・同居女性の裁判では、「(一か月以上)ほとんど食事を与えていない極めて残酷な状況」旨と裁判長も語っています。本件については児相に通報が何度もあったのに児相の家庭訪問が遅れ、虐待死を防げなかった事件として記憶されています。

本件については、平成 19 年度の社会保障審議会児童部会 児童虐待等要保護事例の検証に関する専門委員会 第３次報告においても検証されました。この検証結果の一つとして、平成 11 年から埼玉県内の児相で先行運用されていた児童の現認のしくみも参考にしながら、「虐待対応においては直接目視による確認を行うとともに、安全確認を行う時間ルールの設定としては 48 時間以内とすることが望ましい」旨が記載されました。この結果が、児童相談所運営指針(平成 19 年改訂)にも盛り込まれることとなったのです。

また、この虐待死した児童の兄が保護者からの虐待を主訴として施設入所中であったことにも着目し、「虐待を受けた児童がきょうだいにいる場合は、その家庭を「ハイリスク家庭」としてケースワークを展開し、必要に応じ一時保護を行うことも記されたのです。

このことがのちのきょうだい事例への対応につながっていきます。当時、この事例に限らず受理していないきょうだいについてのアセスメントが不足し、児童虐待死に至る事件が続いていました。

「虐待対応の手引き」にも、虐待通告を受けた当該子どもを一

(←次ページへ続く)

ちょっと一息（続き）

時保護や施設入所等させた場合には、他のきょうだいについても定期的な安全確認とアセスメントを行う必要があるとされたのです。

また「虐待通告を受理した子どものきょうだい全員について、必ず安全確認を実施する」こととしたうえで、他のきょうだいにも虐待が認められた場合には、その虐待内容で受理することなりました。そして、虐待通告を受理した当該子どもに虐待が認められたが他のきょうだいについては虐待が認められなかった場合には、他のきょうだいについては心理的虐待として受理することにもなったのです。

○「保護者援助」は重要な児相の業務の一つ

児相といえば、法的介入力の権限を行使して児童と保護者を分離するイメージが強いと思いますが、虐待を行った保護者の援助も児相の重要な業務の一つです。しかし、「言うは易く行うは難し」で、児相の現場対応は、全国的に度重なる重篤な児童虐待死亡事例への反省や、住民から求められる「もっと児相はしっかり対応して」という法的介入姿勢への期待から、保護者への支援については少々、ゆきづまり感を抱え始めていました（平成20年頃の私の実感から）。

当時から都の児相Cには保護者と子どもの治療指導を実施する課があり、優秀な児童精神科医師とスタッフが揃い、素晴らしいプログラムを準備して子ども家庭の治療指導にあたっていました。

しかし、必ずしも全ての家族が家庭機能を回復できるわけではありません。そもそも家族治療のためのプログラムを実施するために児相に出向いてきていただけるだけでも、保護者自身に育児への改善意欲がある方々だったのです。

多くの福祉司は、こうしたプログラムへの参加など眼中にもない、虐待すら認めない方々にも日々、向き合っていたのです。

そんな中で、児相が保護者やその代理人の弁護士を通じて裁判所に訴えられた際、この時期（平成20年）あたりから前述したように「児相は保護者の養育姿勢の回復にあたってどのような支援プログラムを実施してきましたか」、「これからこの保護者をどのように援助していくのですか、プログラムを示してください」と司法から問われることが私の経験では増えてきたと記憶しています。

つまり、保護者にとってもわかりやすい、現場の実情を反映した一人ひとりの保護者に即した支援の計画が専門機関の児相にどれぐらい実施されているかが、問われるようになってきたのです。（ちなみに東京都には平成20年当時、心理職の児童相談所長が中心となって作成した「保護者援助のプログラム」があります。特にシンプルな一表は保護者の方と一緒にゴールを確かめることにも役立ちます。）

児相は、法的介入と保護者支援という二つの機能を強化することが求められる時代がこのあたりから本格化し、これがやがて現在の「支援」と「介入」を分離する法改正の時代へとつながっていくのです。

これから児相をつくる自治体へのショートメッセージ

児童福祉法改正により、保護者の子育て力

を支援していくことも児相の重要な役割となっています。児相を開設するにあたっては、こうした保護者への支援のプログラムを準備しなくてはなりません。

しかしプログラムがあり、その研修を受けたとして一朝一夕にこれを実施できるスタッフをそろえることは容易ではありません。

こうした時には、実績のある民間団体やＮＰＯ法人等の力も活用していくことが望まれます。

民間団体の中には、優れた保護者支援プログラムを実践し、実績を上げているところも多いのです。児相開設までにそれぞれの機関の強みをしっかりと理解し、どの機関との連携が効果的なのかも検討を進めておくことが肝要です。

都の児相センター治療指導課の保護者援助のための先進的な技術プログラムも活用してください。

一方で児相だけでなく基礎的自治体の保護者支援への役割も重要であり、市区町村の社会資源との連携・役割分担について、開設までに協議を進めておくことが大切です。

○〝チェックリスト〟は使えるようなものでなければ意味がない

保護者指導・援助はさまざまな場面で発生しますが、入所施設からの「家庭復帰」や一時保護所からの帰宅を児童相談所が検討する段階でも現実味を帯びてきます。児童相談所には次のような児童福祉法で定められた「児童福祉司指導」措置（行政処分）と、「継続指導」があります。

▼「児童福祉司指導」＝児童福祉法第27条一項二号に定められた行政処分。条文では、「児童又はその保護者を児童福祉司、知的障害者福祉司、社会福祉主事、児童委員若しくは当該都道府県の設置する児童家庭支援センター若しくは当該都道府県が行う相談支援事業に係る職員に指導させ、又は当該都道府県以外の者の設置する児童家庭支援センター、当該都道府県以外の相談支援事業を行う者若しくは前条第一項第二号に規定する厚生労働省令で定める者に指導を委託すること。」と書かれています。

児相の児童福祉司指導は、保護者や児童に対してとられる措置の形態の一つで、法的権限のもとで実施されるということになります。たとえば児童相談所への通所による児童福祉司の指導を法律に定められた手順の一つとして受けていただくとか、児相が準備した家族再統合のプログラムに応じてもらう時などに一般的にその実効性を高める意味でも児童福祉司指導措置が行われます。

▼「継続指導」＝一方、継続指導は措置による行政処分ではありません。児童相談所運営指針では、「継続指導とは、複雑困難な問題を抱える子どもや保護者等を児童相談所に通所させ、あるいは必要に応じて訪問する等の方法により、継続的にソーシャルワーク、心理療法やカウンセリング等を行うものをいう。この中には集団心理療法や指導キャンプ等も含まれる。」等と記載されています。

こうした家庭復帰後の児相に与えられた権限・対応をどう効果的に行うのか、これまでの援助の結果などを総合的に判断しながら、家庭復帰を検討することとなります。

さて、前述の都内の児童虐待死亡事例の検証P

Tでも、「児相の家庭復帰の見立ての甘さや属人的な対応から児童虐待死亡事例が発生していた。」と、現場の児福司たちは当時から気がついていたのです。

そこで、この死亡事例検証PTのメンバーから「家庭復帰のためのチェックリストを作りましょう」という意見が出ました。

私は早速、この話を児童相談所長会に提案しましたが、その時こんな意見が先輩管理職から出たのです。「チェックリスト、チェックリストというが、これまで東京都だけでいくつのチェックリストがあるのですか。それを使ってきたのか、否。使ってきていないではないですか。それはなぜか。使えないからではありませんか。それなのにまた今回、貴重な時間を割いてチェックリストづくりに手間をかけるのですか。」という厳しい意見でした。

調べてみると、確かにこれまでもいくつものチェックリストがありました。学識経験者が研究成果としてチェックリストやアセスメントシートをそれぞれの考え方に基づいて作成していたのです。そしてそれらは、最初こそ試しに使われていましたが、すぐに使いづらい等の理由で使用されなくなっていたのです。

しかし、この話題が出た時に、「都内D児相の0児福司が独自に作成した家庭復帰のためのチェックリストが使いやすい、と現場から声があがっている」という情報を入手したのです。このチェックリストは10項目の簡易なもので、「保護者の養育姿勢は変化したか」、「子どもは精神的に安定しているか」「この家族を支えてくれる親族や地域の社会資源があるか」旨等々、が記載されていて、援助方針会議でD児相では定例的に使用されていたのです。

私はさっそく、このチェックリストの内容を前述の都内の死亡事例検証PTに紹介。属人的な家庭復帰の見立てによるケース対応の不備を防ぐ科学的手法として、都内11児相共通のツールとして活かせないか、と委員とともに確認・検討をはじめました。「使える、使いやすいものでないと現場に受け入れられない」ということを肝に銘じながらのスタートでした。やがてこのチェックリストが家庭復帰の際に都が使用する共通のツールとして採用されていくこととなるのです。

・平成19年　国の保護者援助のためのガイドライン作成委員会が立ち上がる

このタイミングで厚生労働省では「虐待を行った保護者に対する援助のためのガイドライン」を作成するという話が持ち上がっていました。当時、施設からの家庭復帰や、家庭復帰後の保護者援助の内容、保護者の養育力についての見立てが不十分なために児童が死亡してしまう事件があとを絶たなかったのです。

保護者をもっと支援すべきだった、支援していれば子どもは死ななくて済んだという悲しい事件を繰り返さないために保護者援助にどのような対応を児相は行っていくべきか、と問われた時代です。

こうした背景の中、才村純氏（当時、子ども家庭総合研究所担当部長）が座長となり、全国から乳児院の代表や学識経験者が厚生労働省にチームとして集まることとなったのです。

この検討会の中で家庭復帰のためのチェックリストも作成する、ということが一つの目的となっていたため、たまたま前述の経緯で東京都でこのチェックリスト作成にかかわっていた私を、委員の一人に選んでいただけました。

当ガイドライン検討委員会においては、先ず児童虐待防止法で保護者の「指導」・「支援」と規定されている文言に関して、「保護者指導」、「保護者支援」の二つの用語に分けて使用し、これらを総称して保護者援助と言う用語を使用することとしました。

すなわち「保護者指導」とは、児童福祉法第26条第1項2号に基づく児福司指導、児童委員指導、児童家庭支援センターの指導であり、児童相談所長又は都道府県知事による行政処分として行われるものをいうこととしたのです。

一方、「保護者支援」は、保護者の主体性を尊重した取組であり、保護者のニーズに応じて行う児童福祉法第11条第1項2号ニに基づく指導、乳児院、児童養護施設、児童心理治療施設、児童自立支援施設に入所する子どもやその家庭の状況等を勘案して、子どもの自立を支援するために策定される計画に沿って実践される各施設の取組、並びに、その他関係機関における取組とすること、と定義づけることから始まりました。

以上の定義づけをおこなった上で、援助指針を子どもの年齢、心身の状況、発達の状況等を勘案して、具体的な「短期目標」の設定と「長期目標」の設定に努めることとしたのです。

目標の再評価の時期についても子どもの成長や変化に応じて適時適切に行い、方針を見直すこととなりました。そして「援助の初期段階は、子どもに対しては新たな生活に慣れること等を目標にした取組を開始する一方で、保護者に対しては短期集中的に濃密な取組を行う時期です。これを念頭に置いた計画を策定するため、短期目標は長くとも3か月以内とすること」と示されました。

・乳幼児の自立支援計画の見直しは3か月ごとを原則に

次に自立支援計画の策定時期についても協議しました。自立支援計画は施設入所中の児童の育成を支える基本でもあり、また、児童と保護者の家族再統合に向けた支援の道しるべです。

この計画の策定と見直しの時期について、乳児院としては「自立支援計画の初期段階の経過後は、乳幼児の場合は3か月ごと、少年（学童以降）の場合は6か月ごとを目安として目標を再設定することとし、再評価、指針の見直しについても、この期間に併せて実施する」ことと提案されました。

この点について委員会の中から次のような意見が出ました。「保護者を児童を援助することは大切ですが、現在の児相や施設の業務量を考えると多忙過ぎて、現実的に三カ月毎、六カ月毎の見直しを実行できるか疑問です。」という意見でした。

しかしこの発言の一方で同時に委員の中では、父母の面会が途絶えた乳幼児の乳児院入所の長期化等について心を痛めている、という意見も多く出されました。

この時、乳児院の代表委員側から「確かに三カ月に一度の目標設定・評価は乳児院職員にとっても厳しい。しかし、乳幼児の発達は、児童養護施設の児童と決定的に異なります。乳幼児の一日は、児童養護施設に在籍する児童の一か月に等しいといっていいぐらい、成長スピードが速いんです。乳幼児が最善の環境で育てていただけるよう、三カ月に一度の再評価をお願いしたいんです」という意見が出されました。出席していた各委員はこの意見に納得しました。「乳幼児については三カ月に一度」の再評価・ケース進行管理はこうして全員一致で了承されたのです。

この他、28条措置についても、保護者が児童虐待を否認するなどして児童福祉施設等への入所を拒否することにより対立関係が生じますが、この場合であっても保護者に対しては28条措置に併せて児福司指導措置等を採り、毅然とした対応を行うこととしたのです。この中で児福司指導措置等をとる際の決定通知に保護者が行うべきことを明示して保護者の理解を促すとともに、指導を受ける義務があることも周知することとしました。

また、保護者との面会・通信が、子どもが望まなかったり、子どもにとって心身の発達や情緒面に悪影響があると考えられる場合には、面会・通信の制限を行うこととし、保護者がこれらの制限に応じない場合には、接近禁止命令を発出することにより、保護者の行動を制限することを検討することとしました。

さらに28条措置の場合、児童福祉法第28条第2項において、児童福祉施設への入所期限が2年間と定められていることから、積極的に児福司指導等を行うこととしたのです。

現場の児相職員にとっては、二年という月日はあっという間であり、この間に保護者と児相の関係修復ができるケースはさほど多くありません。二年間、転居を繰り返したり、新しい家庭を築いてしまう保護者がいたり等、保護者指導は決して平坦な道ではないのが現実です。

・国における「家庭復帰の適否を判断するためのチェックリスト」づくり

この国の検討の中で、「家庭復帰の適否を判断するためのチェックリスト（以下、家庭復帰のチェックリスト）」を作成することとなったのですが、これについても参加委員の中からさまざまな意見が出されました。ある委員は「チェックした項目を点数化し、何点以上なら家庭に帰せるというアセスメント形式のシートは開発できないか」、と発言されていました。

また、ある委員は、「参考に……」と30項目以上のチェックリスト案を提案されました。「これぐらいはチェック項目がないと、安心して家庭に帰せない」というコメントを付けて、です。提案されたA3用紙にびっしり細かい字で詰め込まれたチェック項目とリストを見て、私は東京都の児相の会議の中でかわされていた言葉を思い出していました。「……現場で使われなければ、使いやすいものでなければ意味がない」等々ということです。

私は「このままではこうしたいくつかのチェックリストが本委員会の成果物として国の出版物に掲載されてしまう……」と一種の焦りを感じました。

そこで、東京都の児相で実施している「10項目のチェックリスト」を次の会議で提案することとしました。「視覚的にも実務の中での業務としてもこれぐらいが日常の業務の中で児福司がチェックしてみよう、という気になれる数です」と、現場の児相で実際に使用していた現場の声を会議に提案しました。そして、次の点を強調したのです。

「このチェックリストの有用性は、まずこのチェック項目が児童と家庭の家庭復帰のための調査がどのくらいまで進んでいるのかを確認し、どのような不安材料がまだ残っているのかを目視化するものである」こと、

「家庭に復帰するにあたりまだ心配な点は何なのか、それを補うのは地域のどの関係機関か、などをそれぞれの関係機関にもチェックしてもらい確認しあうためのもの」であること

「つまり児相だけでなく関係機関にもチェック

を付けていただき、その見立ての違いを温度差として相互理解する役割もある」ということ

「さらに所内のスーパーバイザーが新人児福司とケース進行のやりとりをするときのＯＪＴの材料にもできる」こと

ということを伝えたのです。また前述の、点数化により何点以上あれば家庭復帰が可能というアセスメントは、虐待ケースの多様性により一概に評定できないこと、何よりも最初に調査結果として点数を入れる児福司の現認時の情報量と力量に左右されて誤差が生じる旨も発言させていただきました。

結果として、このシートは（さすがに国としては10項目では足りないということで）「15項目のチェックリスト」として世にでることとなりました。

この国の家庭復帰の適否を判断するチェックリストにも、都の現場で日々、児童家族と向き合っている現場の児福司のアイデアが盛り込まれているのです。

時代は移り、施設や一時保護所からの家庭復帰にあたっての見立てが不十分でいたましい児童虐待事件となっている案件がまだあとを絶ちません。「使わなければ意味がない」「使えなければ意味がない」という、当時私がいただいた上司からの助言は今も忘れられません。

どうかこのチェックリストを、所内のスーパーバイザーと新人福祉司とのケース進行の検討や各関係機関との温度差をなくす取り組みとして、まだ支援が必要なことはなんなのかを「見える化」しているツールとして活用していただきたいと思います。

さらに、この保護者援助のためのガイドラインづくりの中では、児童養護施設・乳児院退所後六

カ月以内に重大な虐待が繰り返されているということも報告され、これに適切に対応するために「施設退所後六か月間は児福司指導措置とする」ということも盛り込まれたのです。

　このことが今、全国の児相で忘れられかけていると危惧しています。施設から退所後の六か月間は児童虐待等のリスクが再発しやすいことをあらためて過去の児童虐待死亡事例から学んでいただき、二度とこのようなことが起こらないようにしていただきたいと思います。

これから児相をつくる自治体へのショートメッセージ

　児童相談所に限らず、こうしたチェックリストは業務遂行の落とし穴をなくす意味でも様々な機関で作成・活用されています。それぞれの自治体の特色を出そうと工夫することはもとより大切な取り組みですが、「すぐに使われなくなる」「使いにくい」チェックリストも多々あります。

　チェックリストを作成する、ということが目的化しないよう、作成した後の活用には所長・スーパーバイザーの役割が大きいと考えます。

　現在、こうした児童虐待等に関するアセスメントには電子媒体を活用した開発が各方面で進められていますが、アナログであれ、デジタルであれ、基本データを入力するのは「現認」した職員の「見立て」が基本には変わりありません。現認した職員の見立ての精

←※これは国の家庭復帰のためのチェックリストです。都はじめ各自治体では独自に作成しているところもあるかとは思いますが、ここに盛り込まれている内容は最低限、ケースワークを通じて把握しておく必要があります。

（別表）

家庭復帰の適否を判断するためのチェックリスト

氏名　　　　　　　　　　　　再統合対象者

（　　　　　　　　　　）（　　　　　　　　　　）　　記入日（　　　年　　　月　　　日）

		チェックの視点	チェック項目（該当欄に○をつける）	はい	ややはい	ややいいえ	いいえ	不明	特記事項
経過	1	交流状況	面会・外泊等を計画的に実施し、経過が良好である						
	2	施設等の判断	施設、里親等が家庭引取りを進めることが適切だと考えている						
子ども	3	乳児非該当 家庭復帰の希望	家庭復帰を望んでいる（真の希望でない場合は●）						
	4	保護者への思い、愛着	保護者に対する恐怖心はなく、安心・安定した自然な接触ができる						
	5	健康・発育の状況	成長・発達が順調である						
	6	対人関係、情緒の安定	乳児非該当 対人関係や集団適応に問題はなく、情緒面は安定している						
			乳児項目 主たる保育者との関係において問題はなく、情緒面は安定している						
	7	乳児非該当 リスク回避能力	虐待の再発等危機状況にあるとき、相談するなどして危機回避ができる						
保護者	8	引取りの希望	家庭引取りを希望している（真の希望でない場合、依存的要素を含む強すぎる希望は●）						
	9	虐待の事実を認めていること	虐待の事実を認め、問題解決に取り組んでいる						
	10	子どもの立場に立った見方	子どもの立場や気持ちをくみ取りながら子育てができる						
	11	衝動のコントロール	子どもへの怒りや衝動を適切にコントロールできる						
	12	精神的安定	精神的に安定している（必要に応じて医療機関とのかかわりがもてる）						
	13	養育の知識・技術	子どもの年齢、発達あるいは場面に応じ、適切な養育ができる						
	14	関係機関への援助関係構築の意思	児童相談所や地域の関係機関と良好な相談関係が持て、適宜必要な援助が求められる						
家庭環境	15	地域、近隣における孤立、トラブル	近隣から必要なときに援助が得られる						
	16	親族との関係	親族から必要なときに援助が得られる						
	17	生活基盤の安定	経済面、住環境面での生活基盤が安定的に確保されている						
	18	子どもの心理的居場所	家族関係が良好で、家庭内に子どもの心理的な居場所がある						
地域	19	地域の受入れ体制	公的機関等による支援体制が確保されている						
	20	地域の支援機能	支援の中心となる機関があり、各機関が連携して支援が行える						
評価			A 家庭復帰を進める B 家庭復帰に課題あり C 家庭復帰は不可 （B、Cの場合、その理由を記入）						

度を向上することも大切なのです。

「チェックする」ということを重視するばかりにこの作業が形骸化させるのではなく、また、電子統計的に出てきた結果をうのみにするだけでなく、チェックシートを相互の職員・関係機関の「気づき」「見落とし」「温度差」を「見える化」することが重要なのです。

参考に国の「家庭復帰の適否を判断するためのチェックリスト」を添付しておきます。

○朝4時過ぎ。漆黒の闇の中で安否確認の張り込み

平成20年春。四月も目前に迫った早朝。桜のつぼみの開花がテレビで放映される時候にもかかわらず、その日の午前4時過ぎは、みぞれ交じりのなごり雪が舞っていました。まだ夜も明けやらぬ薄暗い中、私は自転車に乗り、調査の現場に向かっていました。

この数日前。地域の小学校から「一か月以上、子どもが学校に来ていない。保護者に面談をお願いしても会ってくれない。心配なのでなんとかしてほしい」という相談を受けていたのです。この児童の現認に現場に向かっていたのです。（今でこそ、教育や警察関係向けに児童虐待防止のための連携通知がたくさん発出されていますが、当時はまだまだ児相が子どもの安全確認の中心でした。）

事前に所内会議を何回も開催し、入念に計画を立てての調査でした。この子どもの母親には、これまでも家庭訪問で何度も児福司は会っています。しかし母に会うたびに児福司に母は「ごめんなさいね。釣りが好きで一人で出かけていっています。帰ってくるのは何時になるのかわからない」と、

返答してきました。朝・昼・夜いつ訪問しても、「釣りに出かけていない。私の言うことを信じて欲しい。」と、同じ答えしか返ってこなかったのです。

学校からは「長期の不登校であることは児相に伝えたのだからあとはなんとかしてもらいたい」と言われ、児相内では「虐待をしているかどうかは全く情報がないが、もしかしたら亡くなっているのではないか」と不安が募り、早急に緻密な調査が必要となったのです。

結果、K児相では立ち入り調査を前提に、職員5名体制でこの家庭の最終的な周辺調査を決行することとしました。

何時に訪問しても「釣りに行った」、「外出している」等と語る母だったため、児童が出かける時を狙ってまず、現認を試みよう、と計画したのです。そのため、これまではどんなに早くても午前8時の家庭訪問だったものを、釣りに行くための電車やバスが動き出す前から家庭の前で張り込もう、ということになりました。そして決定した時間が始発の動く午前4時半前に現地集合（児童の自宅前）でした。

とはいっても、集合時間があまりにも早く、他県から2時間近くかけて通勤してくる職員には負担が大きすぎました。誰が一番、現場に近いのか、と周囲を見渡したところ、私自身が一番、近かったのでした。

現地に自転車で到着後、真っ暗だった調査宅周辺にも朝の光が差し込んでくる5時半すぎ、待ちわびた5人全員が調査宅の前にそろいました。まだ子どもは自宅から釣りに出かけて行った様子はありません。私たちは、この家族に目立たないように周囲の景色に溶け込む位置に分散して調査を開始しました。

玄関・裏口、このマンションの出口を双方見渡せる近くの丘の上、そして自宅玄関が見渡せる場所、万全の体制でこの一室から児童が出てくるのを皆で待ったのです。春とは名ばかりの寒さに身体を震わせながら、対象となっている子どもが本当に釣りに出かけるのか、玄関が開くタイミングを現認するチャンスとして抑えようと皆、待ち構えていました。

やがて時間は流れ午前6時……午前7時……午前8時……私たち五人は、この間ずっと、当該家庭のドアがあき、児童が出てくるのを見逃すまいと目をこらしていました。しかし、出てきません。

そして、時計の針が午前9時を回ったとき、私は家庭訪問の指示を出しました。調査宅のチャイムを担当の児福司が鳴らすと、母親が出てきて玄関のドアを開けました。担当児福司が「子どもさんの顔を見に来ました。」と伝えると母はこう言ってきました。母「ごめんなさいね～今日も朝早くから釣りに行きました」。私はここで立入り調査を決行しました。「お母さん、釣りに行ったと言っていますが、それ、本当ですか？　子どもの安全確認のため、家庭内を児童虐待防止法第9条により立ち入り調査させてもらいますね」と告げたのです。

そう、私たちはバスも電車も始発前の真っ暗な時間帯からこの家庭の前にいたのです。子どもが釣りに出て行った姿は目撃していなかったのです。はたして子どもは家庭内に生存しているのかどうかそれさえもわからない不安がよぎり、家庭調査に踏み切ったのでした。その後の調査詳細にはこの書面で触れることができませんが、結果として子どもは家庭内にいることを発見し、私たちは安堵したのでした。

私は漆黒の闇空に寒さに震えながら、この早朝調査を成功させてくれた五人の児福司の姿を今でも覚えているのです。

これから児相をつくる自治体へのショートメッセージ

立ち入り調査は児童相談所に与えられた法的介入権限の一つです。児童相談所がこうした法的権限を行使するにあたっては、それまで集めた情報も大切となります。伝聞情報に頼らず迅速・適切な児相の現認調査を尽くし対応にあたることが大切です。このエピソードに限らず児相は「事実を現認する」ために様々な視点から調査を続けているのです。

立ち入り調査には警察官が同行することが近年では多く、こうした取り組みが円滑に実施できるよう要対協のメンバーである警察署員との日頃の顔の見える関係づくりや、立ち入り調査実施当日の計画などについて綿密に所管警察署と打ち合わせておくことが大切です。

（私の経験では、児相が立ち入り調査をしている家庭の母親が苦し紛れに110番してしまい、警察官が別途、我々の行為を職務質問するために駆けつけてしまったという苦い経験もあります。）

○D児童相談所がオレンジリボンたすきリレーの中継点に

D児童相談所は毎年正月に開催される箱根駅伝の通過する道路沿いにある児童相談所です。年始恒例の箱根駅伝の際には、各大学のランナーはこのD児相の面している国道を疾走していきます。

このD児相は、現在、秋に虐待防止センター等により開催されている児童虐待防止へのキャンペーン「オレンジリボンたすきリレー」（主催：子ども虐待防止オレンジリボンたすきリレー実行委員会）の中継点にもなっています。このたすきリレーの中継点にD児相が選ばれるときに私は着任しました。

そもそも「オレンジリボンキャンペーン」とは、2005年、栃木県小山市で発生した痛ましい児童虐待死事件をもとに「二度とこのような事件が地域からおこらないように」という願いをこめて栃木県小山市の「カンガルーOYAMA」という団体から運動が始まったものです。

オレンジの色については「子どもたちの明るい未来を示す色」として選んだといわれています。

「その胸の中に、オレンジフルーツのような明るさと暖かさを感じたいという思いがあったのではないか」、と認定特定非営利活動法人・児童虐待防止全国ネットワークのホームページにも記載されています。

この運動の一環として「オレンジリボンたすきリレー」が子ども虐待防止オレンジリボンたすきリレー実行委員会により開催されていました。

当時は2つのルート（渋谷忠犬ハチ公前からの東京ルートと神奈川県側からリレーされてきたランナー）で横浜の山下公園で合流し、夕焼けが迫る中でフィナーレとなるイベントでした。この催しはまだ始まったばかりでしたが、そんな中で、「この東京ルートの中継点の一つにD児相がなってくれないか」、という申し入れがあったのです。

オレンジリボンたすきリレーは、文字どおりオレンジ色のタスキをかけたボランティアランナーが渋谷の忠犬ハチ公を出発点（当時）として、横浜の山下公園まで1~3キロ前後という負担にならない距離でつないでいくリレーです。けっして競争ではなく、歩道を15～20人程度がグループとなってジョギング程度の速さで走っていくイベントです。D児相は品川駅前からの約1～2キロを経た地点での中継点となったのです。

当時はまだこのリレーイベントの黎明期でしたから、「東京都の児相からも何人かランナーを出して欲しい」と言われたものの、各児相に募っても多忙を理由になかなか人は集まらなかったことを覚えています。「業務に支障があるので最低限の人数の参加でいいのではないか」とも言われたりもしました。

こんなオレンジリボンたすきリレーもその後、またたくまに参加者が急増し、人選が必要なぐらい盛況となることをこの時は誰も想像できませんでした。

さて、せっかくのこのイベントの機会の中継点になったことを受けて、通過するS区との虐待防止月間の取組みになんとか活かせないかと、職員達と考えました。その中で出てきたのが民生委員・児童委員さん、主任児童委員さんとの児童虐待防止共同キャンペーンの実施でした。

このリレーの途中には前述したように正月の箱根大学駅伝の通過地点報道で有名な新八つ山橋もあります。そこで、この新八つ山橋を過ぎたあたりからD児童相談所までの京急電車が平行して走る区間に民生・児童委員の方に応援団として立っていただく企画が生まれました。

日頃多忙な民生委員・児童委員、主任児童委員の方々には平日でないキャンペーンにも関わらず快くこの申し出を受けていただき、オレンジリボンたすきリレー当日は沿道で小旗を振って応援していただきました。ランナーからみれば沿道の民生委員・児童委員、主任児童委員の方々の応援はとても心強かったと思い、深く感謝してます。

今でもこの取り組みは民生・児童委員協議会の方々のご理解を頂き継続されており、この紙面であらためて深く御礼申し上げたいと思います。

これから児相をつくる自治体へのショートメッセージ

このオレンジリボンたすきリレーは令和の時代を迎え、全国様々な自治体や団体で展開されるまでに発展しました。こうした取り組みを通じて、「子どもはこれからの未来を背負い、輝く存在として尊重される。児童虐待は根絶しなければならない」等のメッセージを発信していく一翼を児相も担っています。

また、地域と一体となって推進していくことが重要で、児相を新たに設立する自治体では、最も身近な地域の子ども家庭の応援団である民生・児童委員、主任児童委員の方々をはじめ、商店街や町会の方々の応援を得られるようこの機会を活用すると良いと思います。なによりも日頃からの良好な関係づくりがこの成否を左右します。各自治体独自のキャンペーンや取組にも期待したいところです。

○ニセ篤志家にご注意を

都内で一時保護される児童は日本人ばかりではなく、外国籍の児童や外国人との間に生まれた児童も少なくありません。

ある日、母が逮捕されたことによりフィリピン国籍の小学生Fを一時保護する必要性が出てきました。しかしあいにく保護所は定員いっぱいの状況です。私は困り果てました。担当児福司が、「母は『日頃から、なにかと面識のある優しい牧師さんに子どもを預けている』と語っています。

子どもは日本に来てからもフィリピン関係のコミュニティの中で暮らし、日本語は片言は通じるようです。母はこれまでも何かあった時はこの牧師に預けていました。」と、収集してきた情報を私に伝えました。

　さらに担当児福司は、「この牧師宅では、貧しい児童などを緊急に預かることを日頃から行っています。この牧師はタガログ語もわかるようです。牧師に会ってみたところ、穏やかで品格があり、この牧師宅なら当面、緊急の居場所として良いと思いますので、ここを居場所とすることを了承してもらえないでしょうか」と相談を受けました。つまり、委託一時保護先をこの牧師宅にする、ということになるわけです。

　そこで所内で緊急会議を開催することとしました。委託一時保護については児童相談所運営指針において、一時保護所以外が適切とする場合は受理会議を開催した上で決定することと定められています。この委託一時保護が「これまで育んできた人間関係や育ってきた環境などの連続性を保障することが必要な場合、例えば、その子どもが住んでいる地域の里親・児童委員、その子どもが通っている保育所の保育士、学校幼稚園、小学校等の教員などに委託することが適当な場合」の「など」に該当するかどうかを協議するためでした。

　さすがにこれまで私の経験では、一般の民間人に一時保護をお願いした経験はなかったのです。しかし、緊急保護の場所が現時点で見つからない以上、児相として決断を迫られる事態となっていました。そこで私は「これまでにない決定をする以上、私も現地視察に同行し、その牧師に会い、牧師宅を確認して判断する。」と方針を決定しました。

　直ちに現場に児福司とともに向かいました。向かった住所にある教会はアパートの二部屋でした。およそ「教会」と呼べる建物ではなかったのですが、こういう形で布教しているのだろうと思いつつ、部屋を訪問しました。部屋には鍵がかかっておらず、牧師はいませんでした。部屋の中に児童Fは座っており、片言の日本語であいさつしてきました。

しかし、その時、私の目に異様な光景が映ったのです。それは部屋の内部の様子です。教会と銘打ってはいるものの、礼拝する場所がどこかわからなく、代わりに大きなテーブルの上には、直径30センチはあるアルミ鍋が大量に並べられていたのです。児童Fに聞くと、この鍋を一個何万円かで購入してもらう仕事を手伝っている、と語りました。これは担当の児福司にとっても想定外の話でした。

私たちが「昨夜、ここで寝たの？」「食事は食べたの？」と尋ねると、「食事はお姉さんやお兄さんたちと一緒に弁当を食べた。昨夜はここで寝た。でも、お姉さんたちと男の人たちがみんな裸になってコソコソ泣いているような声を上げていて、それが気になって寝られなかった」と語ったのです。

この話を聞いた私たちは、ここは一時保護を委託すべき場所ではない、と判断しました。

これから児相をつくる自治体へのショートメッセージ

委託一時保護先としてこうした民間人等への一時保護委託の検討は稀中の稀のことです。しかし、児童相談所運営指針の解釈として、緊急やむなしの策としては残された選択の一つです。「児童福祉に篤い良心的な牧師宅」は想定外の委託一時保護場所に不適切な場所

「委託一時保護って？」

児童相談所運営指針　第５節　委託一時保護

(1) 子どもを一時保護する必要がある場合は、一時保護所を利用することを原則とするが、次に掲げる理由で委託一時保護を行うことが適当と判断される場合には、その子どもを警察署、医療機関、児童福祉施設、里親その他適当な者（児童委員、その子どもが通っている保育所の保育士、学校（幼稚園、小学校等）の教員など）に一時保護を委託することができる。この場合においては、受理会議等で慎重に検討し決定する。

[1]　夜間発生した事例等で、直ちに一時保護所に連れてくることが著しく困難な場合

[2]　乳児、基本的な生活習慣が自立していないため一時保護所において行うことが適当でないと判断される幼児の場合

[3]　自傷、他害のおそれがある等行動上監護することが極めて困難な場合

[4]　非行、情緒障害あるいは心的外傷などの子どもの抱えている問題の状況を踏まえれば、一時保護後に、児童自立支援施設、情緒障害児短期治療施設あるいは医療機関などのより専門的な機関において対応することが見込まれる場合

[5]　これまで育んできた人間関係や育ってきた環境などの連続性を保障することが必要な場合（例えば、その子どもが住んでいる地域の里親・児童委員、その子どもが通っている保育所の保育士、学校（幼稚園、小学校等）の教員などに委託することが適当な場合）

（←次ページへ続く）

でした。職業に対する先入観や伝聞情報だけではなく、現地に出向き、現認してから決定することが大切です。

今回、保護が必要だった児童のように、一

ちょっと一息（続き）

[6] 現に児童福祉施設への入所措置や里親への委託が行われている子どもであって、他の種類の児童福祉施設や里親あるいは専門機関において一時的に援助を行うことにより、その子どもが抱える問題について短期間で治療効果が得られることが期待される場合

[7] その他特に必要があると認められる場合

また、現に児童相談所において一時保護している子どもで、法第28条第1項の申立て等により一時保護期間が相当長期化すると推測される場合においても、児童養護施設等への委託一時保護を検討する。

なお、現に児童福祉施設への入所措置や里親への委託が行われている子どもを他の種類の児童福祉施設や里親あるいは専門機関に委託一時保護する際には、措置を解除又は停止した上で委託すること。

（児童相談所運営指針より抜粋）

時保護の必要な児童は日本の文化で育った日本人だけではない時代になっています。一時保護も可能な里親を所管区内に増やしていくことは、新設児相の大きな課題です。こうした多様な国籍と文化の中で暮らしている児童の一時保護にも対応できるよう、在日の外国人に対して里親登録へのリクルートと普及啓発を進めることも必要な時代となっています。

○〝備えなし〟の〝憂いあり〟

―3・11東日本大震災発生

平成23年3月11日午後2時46分。D児相内がミシッミシッときしむ音を立てました。

執務室で座っていても身体が左右に揺れる強い地震が発生したのです。「いつもよりもかなり大きいな」と体感する中で、揺れがいったん収まったことを見計らって職員達がそれぞれ出張に出かけていきました。

しかし、皆、すぐ所に戻ってきたのです。聞けば、「私鉄線が地震で不通になっている」ということでした。それでもみな、私を含め「すぐに動くだろう」「所内でまた仕事をして、動き出すのを待とう」ぐらいの軽いムードの中にいたのです。

その後、この地震の実態を確認までに時間はかかりませんでした。念のためにどれぐらいの規模の地震だったかをテレビニュースでチェックしようとスイッチを入れたところ、見たことがないような光景が画面に流れていました。東北地方の田畑や道路を飲み込んで、濁流が土地の内陸部へ内陸部へと流れ続けている光景が映し出されていたのです。

惨事映画のようなシーンがヘリコプターから中継されていました。地震による大津波が東北地方沿岸を襲ったということがわかりました。しかも、どこまでも浸水が進み、いっこうにとどまる気配がない光景が続いています。どのチャンネルも全てが大地震の報道に切り替わり、ようやく甚大な被害が東北で発生した、ということが所内にいた職員みんなに掌握できた瞬間でした。

私はすぐに所内にいる施設利用者の安全確保・所内点検を行いましたが、幸い施設利用者は皆、無事で、建物の目視点検では特に所内にはひびがはいった場所等はないことだけはわかりました。

しかし、このことが東京に大きな影響を及ぼすことがわかったのは私鉄線どころか「都内全域の交通状況がマヒしています。」というテレビ報道が出たあたりからです。都庁からも所に被害状況確認の連絡指示、そして、「職員待機」が通知されてきました。

　私は我に返り、隣接するコンビニに飛び込み、夜間の食糧の確保を、と急ぎましたが、時すでに遅く、ほとんどのものが陳列棚にはありませんでした。それでも残っていた食べ物であればなんでもいいと、手にしてレジの前に並びましたが、長蛇の列で何がおこっているのか理解出来ないという、呆然とした表情の方ばかりでした。

　夕闇が迫ってきました。幸い、所内は停電は免れていましたが、所前の第一京浜国道に目をやると、まるで巡礼のように無口で東京方面に向かう人の列が道路にはみ出るぐらい幾重にもつながっていました。交通インフラが麻痺しているため、歩いて帰宅し始めた人々の流れが始まっていたのです。

　職員は思い思いに携帯電話で家族等と連絡をとろうとするのですがつながりません。そんな中、「歩いて帰宅途中で気分が悪くなったので少し休ませて欲しい」と申し出てくる通行人が出はじめました。私は判断を迫られました。一人受け入れたら、その後続々と避難や休息のための通行人が入ってくるかもしれない。そうしたら対応しきれなくなる。本庁に確認するための手段も途絶えていました。私は目の前に疲弊しきっている人を所内に受け入れることを決断しました。これまで経験したことのない非常事態だったからです。

　あらためて身体に経験したことがない震えが走りました。全く想定外の事態が今、目の前で起こっており、これからどんな決断を迫られる事態が発生するのか、予想もつかないまま夜が近づきます。このまま、児相が退避希望の人々の避難場所と化してしまえば、職員の対応にも負担が出てくる、それでなくても本務である虐待対応含め、この地震により今保護しなければならない案件が発生したらどうするのか、等々これからこの日どう仕事を進めていくか、決断を迫られる事態になっていました。

加えて、所から帰宅できない職員への対応をどうするのか等にも、配慮が必要でした。

帰宅できない職員のために全ての面接室を静養室とすることを決定しました。保護所を併設していない児相でしたので、布団の予備等は一切ありません。これが精いっぱいでした。業務用の通信手段であるメールは電波状況が悪いもののなんとかつながりはじめ、本庁から児相職員の待機命令は夜9時前には解除されました。しかし、待機命令が解除されても帰宅できるすべがない職員（中には妊娠中の職員もおられてとても心配しました）はこの所内で宿泊することとなりました。

児相に隣接する浅間神社富士登山頂上から、眼下に第一京浜国道を望む(筆者撮影)

この日のエピソードには追加のお話があります。

私事で恐縮ですが、そんな私には仕事をしながらもう一つ、気になっていたことがあったのです。連絡が取れなくなっている高校一年生の娘のことでした。当時娘は白金台方面の高校に通学していました。夕方、奇跡的に一瞬、メール連絡がつき、「電車が動くようになったら帰る」と娘の返答がありました。娘も普段の地震ぐらいと考えていたのでしょう。

その後都内全域の電車は夜間8時を過ぎても止まったままの状態が続き、帰宅するにもこのパニック状況の中、娘が一人で三時間以上かけて歩いて帰るのは危険だ、と思った私は、職場での待機命令解除の連絡を受けてすぐ、高校まで歩いて迎えにいくこととすることとしたのでした。

いつもは街頭で明るい付近街並みも、漆黒の闇と化しています。住宅街には停電が発生していたのです。区や闇の中でも夕方見た人の流れはまだ続いていました。私はひたすら無言でこの行列をなして歩く人々の中の一人となりながらその流れにのり、娘の通っている高校へと向かったのでした。

電車を利用すれば15分ほどで到着できる距離なのですが、児相から高校までの徒歩での迷いながらの道のりは遠く、疲労感も募る中、一時間半ほど歩いてようやく高校にたどり着きました。娘は、父の顔をみてさぞほっとしてくれるだろう……と私は喜んでいたのです。が、この親心は体育館で友達と無邪気に?バトミントンで遊んでいる中、「えっ?? もう迎えに来たの? もうちょっと遊んでいる」などと、親の心子知らずの返答に打ち消されます。それでも父親としては娘の無事を確認できたことで目頭が熱くなってしまいました。

そうこうした後、何時になるかわからない帰路につきました。時計の針はすでに夜11時近くになっていました。都内のビルや建物には地震による被害は暗闇のせいかあまり見受けられませんが、電車は相変わらず不通のままでした。私は娘ととりとめのない話をしながら黙々と歩きました。この非常事態の一日の仕事を終えて、身体も相当な距離を歩いてきて疲労していたはずですが、娘が無事であったことがなによりでもあり、年頃の娘

と二人で無事に一緒に歩いて帰路についているこ
とが一日の疲れを吹き飛ばしてくれていました。

これから児相をつくる自治体へのショートメッセージ

３・11東日本大地震は東京都の児相にも、業務の停滞を生み出しました。これまで想定していない巨大地震に後日、全国児童相談所長会長の職務にもあたる東京都児相センターからは被災した地域の児相の被災状況の確認、業務停滞を支援するための応援支援職員の派遣調整などにも動き始めます。さらに被災地に都職員が派遣されました。宮城県等の被災状況は当時派遣された児相職員からの報告では、想定以上に現状復帰に時間がかかるであろうことでした。あらたに開設される児相は、こうした事態には全国児相の一つとしてともに被災地域を支える一員であるということを知っておいていただければと思います。

この地震は多くの被害を出した大災害となりましたが、もはやこうした災害はいつ発生してもおかしくない、「想定内」であるということを忘れてはなりません。特に姉妹都市がある区市町村は、災害が発生した場合、全児相との連携とともに当該児相としての独自の支援も求められてくるでしょう。

この地震を契機として、児童相談所に新たな危機管理が必要と考えるようになり、緊急連絡網や、緊急招集についても新たなルールが東京都でもできました。

余談ですが、被災地で身寄りを亡くした子どもたちが発生したことについても報道があったため、都内の養育家庭の方々が「私たちにも何かお手伝いできることがないか」と、養育支援の声をあげてくださったのもこの時でした。

新たに児相を設置する自治体ではもはや、「想定外の事態」と言い訳することはできません。国も大災害発生の可能性を予見している以上、災害備蓄品の確保・保管・災害時の近隣町会等住民との地域内での役割分担や共助体制も確認しておく必要があるのです。

○「児童自立サポート事業」と「非行児童立ち直り支援事業」

児相が対応する案件には児童虐待だけでなく非行児童への対応があることはいうまでもありません。しかし、区市町村の子家センでは非行案件への対応はほとんどないのが現状ではないでしょうか。

都児相ではこうした児童に対して児童自立支援施設への入所措置や通所指導を主とするケースワークを展開しているのですが、警察関係以外の他機関との連携による公式な支援対策は実施されていませんでした。

そんな中、東京都では当時の青少年治安対策本部と福祉保健局に非行児童の立ち直りを支援しようという取り組みのモデル事業が平成22年度に実施されることとなったのです。この事業は青少年治安対策本部と福祉保健局それぞれが独自にモデル事業として実施することとなり、福祉保健局のモデル事業所に所管内のO区が選ばれたのでした。

この事業の説明の前に、少し時代をさかのぼってみたいと思います。

・「児童自立サポート事業」について

過去、私は児童自立支援施設にも勤務していた時期があります。都の児童自立支援施設に入所してくる児童は、原則的に中学校を卒業した後は、施設入所前の地域に戻っていきます。多くの生徒は施設での手厚い公教育と寮職員の努力により高校合格を果たしたり、就職したりして地元に帰ってくるのです。

ところが、せっかく高校に入学等を果たした児童が、早い生徒は五月の連休過ぎには不登校になり、夏休みを過ぎると半数の生徒が学校を退学してしまうことが珍しくなかったのです。

地域に戻り、頑張ろうと考えていた児童たちを昔の不良仲間等が待ち構えていて、非行行為を繰り返す生活に戻っていってしまうなどがその理由でした。加えてせっかく規則正しい生活を施設で身につけてきた児童も、家庭に変えれば保護者が以前と変わらない朝晩逆転した生活を続けているため、自分自身の生活まで乱れていくなど、地域に戻った後の生活支援が課題となっていたのです。

当時は児童自立支援施設を中学校卒業を契機として退所した後は、施設側のアフターケアに頼っていたのが現実でした。

こうした一連の状況の改善のために、福祉保健局で平成17年3月につくられたのが「児童自立サポート事業」と呼ばれるものでした。

これは端的に言えば、都内二か所にある児童自立支援施設に入所している児童のうち、次の年の三月末で地元に戻ってくる中学三年生を対象として、その児童が居住する予定の地区民生委員・児童委員そして主任児童委員の方々に、担当児福司とともに当該児童の退所直前6か月間と家庭復帰後の6か月間を見守っていただくしくみです。特徴として、施設を退所して地域に戻ってきてからの児童を支援するというだけでなく、施設に在籍中から当該児童と民生委員・児童委員が顔の見える関係になり、地域に戻ってからも良好な第一歩を踏み出せる関係をつくるしくみとしたことでした。この事業は当該児童と保護者の同意を得てからスタートすることとなっていました。

しかし、特に当該児童の保護者からは「民生委員には同じ地域の人だからこそ、かかわってほしくない」、「プライベートなこと（しかもできれば恥ずかしい家族の過去・隠したい内容）を公開してまでかかわってほしくない」、という家族としての本音も語られていたため、実際の運用は決してたやすくはありませんでした。

つまり、この事業の実施の前提である「保護者の同意」がとれないケースもあったのです。児童はともかく、上記の理由でこの制度利用について保護者を説得しきれないという苦労も担当児福司にはあったのです。それでも制度利用者は何人か毎年出て、当時は民生委員・児童委員協議会の会合のおりにこの制度を説明し、研修会も開催されました。しかしこの制度の対象となる児童家庭が民生委員・児童委員さんの所管する地域に出現したとなると、研修会に参加されている民生委員・児童委員さんの中には、まるで貧乏くじを引いたように青ざめている方もいらっしゃったのです。

それは無理もないことでした。もともと民生委員・児童委員さんが非行児童と地域で接する機会はほとんどない時代です。研修会に参加した方々からは「（非行児童に自宅まで）あとをつけられたりしませんか」「暴力を振るわれたりしませんか」「逆恨みをされませんか」という質問にはじまり、「関われる自信がない」といい、顔を曇らせる方までおられたのを覚えています。

こうした民生委員・児童委員さんたちの不安をふっしょくする目的で、福祉保健局では児童自立支援施設の見学を実施したり、秋の運動会の機会を利用して児童の生活する素顔に接する機会づくりにと、担当児福司や施設職員が尽力しました。

運動会でひたすら競技に頑張る対象生徒の姿や、面会した際のあどけない表情に接した時、初めて民生委員・児童委員さんの顔から緊張が解けていったのを覚えています。そしてこうした児童が卒業して地域に戻ってきてからは、「おはよう」「元気？」と、声をかけてくださるだけでいいこと、それだけでも「地域に自分のことを知ってくれている人がいる。」「心配してくれている人がいる。」「一人じゃないんだ」ということにつながることも担当者は話をしていきました。

児童自立支援施設の運動会や卒業式の折に、はにかみながらも笑顔を見せながら頑張って生活をしている子どもたちに直接接した後は、民生委員さんたちの表情にも「子どもはみんな同じなんだ」とでもいうような安心した笑顔が見られ、いつのまにか先入観や不安が消えていったのでした。

・「非行児童立ち直り支援事業」の試行に向けて
—O区保護司会との業務連携を模索

一方、こうした中で別の方向から非行児童の立ち直りを支援していく企画が都の青少年治安対策本部（当時）と福祉保健局で生まれました。これが前述の「非行児童立ち直り支援事業」（平成22年）です。

この事業を試行する区としてO区が選ばれていました。当時私はO区の所管区域児相に勤務していましたが、この事業の試行にO区保護司会との連携を通じた協力をしてもらいたい、という要請が来たのです。

こうして非行少年と関わりの上では経験が豊富な保護司の方々との連携が、非行児童の立ち直り支援への協力を依頼するかたちで実現したのです。保護司会の代表者の方とは要保護児童対策地域協議会のおりに面識があったため、さっそく所管区域の非行児童の立ち直り支援のための独自事業についてご説明する機会を作っていただいたところ、この私の提案を区内の保護司会の方々は大変、熱心に聞いて下さりました。

以後、情報交換のために保護司さんたちの集会所に出向いて行くこととなり、試行事業がスタートしました。会議では児相が関わっている児童の地域での様子と保護司会で支援しておられる少年の情報を共有化することから始まりました。

しかしいざ、具体的なケース対応への連携に動いてもらおうとすると、予想もしなかった壁にぶつかったのです。

それは、ケース対応の話になると決まって保護司の方々が「私たちは保護観察所長の指揮下にある身分」と話されることでした。児相長が現場レベルで提案することをそのまま実行していただくことは、指揮命令権でハードルがとても高かったと気づいたのです。民生委員・児童委員の方々との連携に比べて、いくつもの段階を経なければならなかったのです。

こうしたことは現場で実施してみて初めて見え

都内児童自立支援施設内の広々としたグラウンド(筆者撮影)

児童自立支援施設とは

児童自立支援施設は少年院などの贖罪教育を行う施設ではなく、児童福祉法第44条に基づく児童福祉施設の一つで、非行などの不良行為をしたりするおそれがある児童等が入所して今後の自立を支援する職員とともに生活する場です。

戦後の児童福祉法で、これまで歴史的に「感化院」「教護院」と呼ばれていたこの施設も、平成10（1997）年の改正児童福祉法施行により、現在の児童自立支援施設と名称を変更します。この施設の特徴は児童養護施設等と同様の職員によるローテーション勤務で各寮が運営されるしくみとともに、「夫婦制」と呼ばれる夫婦がその利用に寝泊まりをして入所児童の対応を行うしくみの二通りがあります。昭和50年代には、全教護院の約6割が夫婦制で運用されていましたが、年々その比率は下がり、近年は約三割の施設が夫婦制で運用されています（夫婦制の施設でも寮舎によってはローテーション勤務を採用している施設もあります）。

東京都にある2カ所の児童自立支援施設はローテーション勤務となっています。敷地の中に公立の学校が分校・本校形態で配置され、この施設に入所中の児童のみを対象とした公教育が正規の教員配置により実施されています。都の同施設の場合、多くの児童は中学校卒業と同時に、出身の地元等に家庭復帰し高校進学や就労することとなります。同施設での平均の在籍機関は東京都の場合二年前後が最も多く、家庭復帰後の課題の一つは、せっかく進学等をして立ち直ろうとする児童が、再び地元の不良仲間等と交友を再開してしまい、高校生活が続かず退学してしまう児童が少なくないことです。こうした児童の立ち直りを地域全体で支えていくことが重要となっています。

てくる壁でした。この保護司の方々との業務連携には保護観察所長との協議が大前提だったということを今更ながら知ったこととなります。

具体的な少年の支援にたどりつく前に試行期間は終わりましたが当時、御協力いただいた保護司会の方々の仕事への熱意は今でも記憶にとどめています。

これから児相をつくる自治体へのショートメッセージ

新たに児相を作る自治体にあって、児童虐待への対応は少しはイメージできるとしても、非行児童にどのように対応していったらよいかは、容易には想像できないのではないでしょうか。非行児童とて、もとをたどれば父母から暖かい愛情を受けず、虐待を受けていた児童も少なくありません。一人ひとりに暖かいメッセージを児相だけでなく地域からも発信していける取り組みには、何よりも地域住民の偏見を払拭し、理解と協力を得ることが大切です。新しく児童相談所を開設しようとする自治体は、虐待ケースだけでなくこうした非行児童の対応にもしっかり向き合える職員の確保・育成が欠かせません。このため児童自立支援施設等、児童福祉施設での長期研修も充実した育成計画も検討していただければと思います。

令和2年現在、全国で同様の非行児童の地域での立ち直りを支援する同様の仕組みは警察署や青少年関係部署・民間支援団体等の中で進められています。児童自立支援施設や少年院を経て地域に戻ってくる児童の支援には、相当、粘り強い関わりが必要となってきます。非行児童の中にはこれまであたたかい愛情をかけて養育された経験を持ちえないこともあり、そんな子どもたちを最も近くで支えるのが地域住民であり、保護司会はじめ、様々な民間のＮＰＯ団体等の方々の活動です。

　住民に対しては、街でみかけた時に「おはよう」だけでもいいですので、自分自身が地域に受け入れられていること、地域のみんなが気にかけてもらっているということ、地域全体で非行から立ち直ることを応援しており、孤立した存在ではない、というメッセージを発信してもらう意味でも、「自助・公助・共助」を促す児相の役割が欠かせません。

○児童相談所の引っ越し

　時は移り、平成23年四月、奇しくも干支が一まわり巡って、私は児相Ｃに戻ってきました。私が児福司として働いていた12年前と同じ、所管するのは特別区の中でも都心部の９区と島嶼部です。

　この着任後の最も大きな業務の一つに、増え続ける児童虐待等への対応、里親支援事業開始後の円滑な運用（後述）、そして「児相Ｃの移転問題」がありました。この時期、児童虐待の件数の状況はリーフレット「みんなの力で防ごう児童虐待」によると平成11年当時の都内虐待対応状況総数１１７９件から平成23年には東京都児相だけでも４５５９件と、増加していました。私が児福司として在職していた当時の約4倍の持ちケース数と児福司が向き合っていたのです。「これは大変な事態になっている。」私はそう思いました。（ちなみに令和元年には、配置されている児福司の定数こそ増加しているものの、虐待対応件数は２万件を超えています。）

　児福司だけではなく児童心理司の業務も、度重なる児童福祉法の改正を受け、保護者援助への具体的な助言役として重要な位置づけとなっていました。児童心理司は施設入所した後の児童が施設不調となった時には、いち早く施設に出向き、入所中の児童の心理ケアにも奔走していたのです。

一方では子どもの緊急保護が必要な案件も急増。急きょ、都では一時保護所の増設を始めますが、焼石に水のような状況が続いていました。児相Cの移築問題とともにこのような状況で私は着任したこととなります。

すでに要保護児童対策地域協議会（要対協）は各区において一定の業務スタイルが確立している時代に入っていましたが、それでも各区市の業務調整力には若干の差がまだありました。一方では、MI区のように、児童相談所顔負けの調査と保護者・児童指導力を発揮し、児童福祉法による介入が必要な場合にだけ児相Cに協力を求めてくる子家センもありました。

たとえば、MI区内の学校が子家センをさしおいて児相に相談電話をかけてきた場合には、子家センの所長が自ら、学校長に「一義的には区の子家センにかけてきてほしい！　まず私たちがしっかり対応しますから。」と学校に申し出たりする場面もあり、この言葉にたがわぬ実行力がありました。

さらにMI区の小・中学校の多くも、子ども虐待の疑いがある家庭に対しては、先ず学校が事態の真相を保護者に確認し、保護者への指導を的確に行うという手順が当時、同区内の要対協の中で周知徹底されていました。子家センにただ連絡するだけではなく、まず小・中学校でできることをやり尽くして、それでもできなかったことについて子家センに連絡してきていただいていました。それだけ学校側にも指導力があったのですが、あらためてMI区の子家センの調整力を肌で感じ、要対協はまさに円熟期を迎えている感がこの区にはありました。

さて、児相移転の話に戻ります。先ず、どこに建設するのかということとともに、新しい建物には児童相談所だけではなく、同時に移転してくる他機関との合築による関係強化が目玉として広報されていました。

移転してくる関係機関とは、都児相Cと、東京都の「教育相談センター」、そして警視庁少年育成課の「S少年センター」でした。せっかく都の他機関と同じ建物内に合築されるのだから、子ども家庭への連携関係がより緊密に円滑になるようにすべき、という先行報道・ビジョンを具体的な取り組みで実現していくことが求められていたのです。

これにともない、開設の三年前からこの三機関連携にかかわる協議が本格化され、我々は移転に関わる業務連携について定期的に顔を合わせ打ち合わせを重ねることとなったのです。

以下、簡単に児相以外の2つの関係機関について述べておきたいと思います。

「S少年センター」は都内8か所にある警視庁の少年センターの一つです。

非行問題に悩む家庭や、いじめや犯罪等の被害にあい、精神的ショックを受けている少年のための心理相談を実施したり、少年の心のケアや少年のためのよりよい環境づくり、そして少年補導活動や少年の非行防止及び被害防止に向けた広報啓発活動をしている組織です。

「東京都教育相談センター」は幼児から高校生相当年齢までの子どもの性格や行動、しつけ、発達、いじめ、不登校、体罰、高校への進級・進路などに関する相談を子ども本人やその保護者、教職員等から受け付けている機関で、当時は水道橋駅徒歩3分圏内の好立地のビル内で運営されていました。

　我々は三機関が合築されるということで、それぞれの機関を会場として持ち回りで連携に関わる実務的な連携をどう進めていくか、会議を重ねていきました。

　さて、この三機関の開設に向けて、先ず我々に課せられた大きな課題は上記の「連携強化」とともに、合築される三機関の「総合窓口」をどのように有機的に機能させていくか、ということでした。電話連絡をしてきた利用者に「ワンストップ」で相談を受け付ける電話総合窓口の開設もその一つだったのです。こうしたことを含めて、三機関の連携強化のための協議を三機関の担当者（課長級・係長級）はほぼ毎月一回、顔を合わせ遅くまで協議を繰り返しました。せっかく合築施設となるのですから、それぞれが受け持っている所管ケースについても効果的な支援体制が組めるのではないかと、それぞれの機関が現在対応している事例を持ち寄り、検討を重ね続けたのです。

　やがて一つの建物に入るメリットが次々と東京都から広報されるようになっていきます。そんな中、現場で具体的な業務を進める我々三機関の課長級と実務担当者は、検討を深めれば深めるほど、日常的なケース共有と行動連携の難しさにもぶつかっていきます。

　所管する区域の違いや、利用対象となる児童年齢層の違いが、業務連携の難しさとして会議を重ねるごとに明らかとなってきたのです。なかでも、「総合電話相談室」の在り方と相談の流れについては何度も何度も試案を考え、シュミレーションを繰り返しました。

　結果として総合電話相談室の設置に必要な三機関の仕事領域に熟達した人材の確保や、専門職の育成が容易でないことも考慮し、このコンセプトを活かした組織連携を強化していこう、ということに落ち着きます。新宿区・中野区・杉並区を所管区域とするS少年センター、都心9区（中野区・杉並区含まず）と島しょ部を所管区域とする都児相C、そして主として高校生・公立高校の相談に応じる都教育センターとは、それぞれの所管区域の違いをそのままメリットとする中で、業務連携を強化していくこととなったのです。

旧・児相C玄関前にて当時の櫻山豊夫児童相談センター所長はじめ・相談援助課職員等とともに(筆者提供)

そして平成25年冬、ついに引っ越しの時を迎えます。旧来の建物への愛着も深い職員も多くいた中、私たちは建物へのお別れにと、当日課内に在席していた課員が集合し、所長・次長とともに児相Cをバックに記念写真を撮りました。

平成 25 年 4 月開設
東京都子供家庭総合センター(筆者撮影)

児相Cの引っ越しは土日を利用して行われました。児相の業務はとめられません。児童虐待への対応はじめ、移転ということを理由に業務の停滞が許されない責務が多々あり、それはたとえれば陸上競技の4百メートル・リレーのバトンパスのように、空白時間を最小限にとどめ、業務のスピード感を落とさない中で実行された引っ越しでした。

さて移転後は、今度は三機関が同じ建物に入ったため、ケース対応についての協議は、地の利を生かした取り組みができるようになりました。業務連絡も電話ではなく直接、行き来する中で行えるようになったため、誤解も少なくなったと実感しています。三機関は定例的に会議を開催し、それぞれの機関の持ち得る機能や役割を確認しあうことは大変、有効でした。例えば教育センターの課長やカウンセラーとは定期的に会合を開き、教育の視点から不登校児童へのケアの方策を学び合いました。少年センターの現役警察官の方には、児相内で大暴れしそうな非行児童の施設への移送時に御協力していただくこともあり、とても心強かったことを覚えています。こうしたことが阿吽の呼吸で実施できることとなったことも合築の利点の一つでした。

結果としてこの新しい総合センターは、都が当初、予定していた統合連携をしっかり果たすこととなったのです。

これから児相をつくる自治体へのショートメッセージ

新しく児相を開設する自治体では、他の関係機関と合築を計画しているところもあると思います。

合築には確かなメリットがある反面、他機関と合築の理想が先行し、建設にあたって関係者に壮大な期待がかかる場合もあります。

しかし、理想を完全に実現するために十分余裕のある土地や人材の確保に各自治体、御苦労されているのが現状ではないでしょうか。

確かに目標の実現に向かい邁進すべきですが、ひとたび現実に困難と判断したことには、その事業運営に支障が出る前に早い段階で、現場実態を果断に正確に、知らせるべき部署に伝え、対応としていくことも管理職の役割として重要です。そのことがのちのち現場で働く職員たちのためでもあり、その後の税金の無駄遣いへの住民批判防止にもつながるからです。

○北へ南へ　児童福祉司は空を飛ぶ

平成20年代も後半、現場の児福司の多忙さは事務仕事のために席に座っていることができないほどになっていました。新宿・渋谷・池袋・秋葉原という全国から青少年が集まる全ての場所を所管区域していた児相Cは、家出をしてきて保護されるケースも多々ありました。

たとえば週明けの月曜日に児福司が「本日は家庭訪問や所内面接を実施しなくては」「今日こそは、裁判に提出する基礎書類を作成しよう！」と意気込んで登庁しても、席についた瞬間に、係長（現・統括課長代理）から「広島まで日帰り出張をお願いします」と、その児福司が児童移送を担当することも珍しくなかったのです。（全国児相間では、このケースのように地方から家出をしてきて緊急保護された場合、原則翌日か週開けに保護を受けつけた児相が児童の住む地域を管轄する児相まで移送することになっています。）

ある日の朝、高校生女子が原宿で無銭飲食しようとして警察署から児相センターに身柄付き通告がありました。児相Cに到着しても児童はなかなかどこから来たかを明かさなかったのですが、面接の中で北海道から来たこと、旭川市に住んでいることをN児福司に明かしたのでした。

このためN児福司は直ちに羽田から旭川行の航空券を確保。便数が少ないため、復路までの時間も限られていました。本来ならば相手方の児相までとどけるところ空港で身柄の受け渡しを相手方の児相に許諾いただき、その日のうちにN児福司は児相Cに戻ってきました。

その後、午後8時すぎからようやく自席に戻り、本日中に作成しなければならないと朝、決めて登庁した裁判ケースの事務文書作成にN児福司はとりかかるのでした。

これから児相をつくる自治体へのショートメッセージ

児相の業務は所問する区域や自治体だけにとどまりません。以上に述べたように他県等自治体と密接に連携して業務を遂行していかなければならない事例は少なくないのです。

特に、他県から家出してきた児童等の自治体への移送費の負担には、全国で定めたルールがあり、また、移送についても児童相談所運営指針に「相手方児相まで移送」と原則が定められています。

しかし、たとえば北海道の児相への移送の場合は、空港からさらに鉄道やバスを利用して半日がかりとなる場合もあり、児童を送り届ける児相の時間的負担も大きくなります。万が一、宿泊を伴う場合などのために、年度予算の計上も想定内です。また、児童によっては、職員一人での移送には危険が予想されることもあり、複数の職員を配備しなければならないことが多く、移送手段を含め綿密な打ち合わせが必要となる場面です。こうした点はなかなか現場にいないと臨場感が伝わりにくいです。

財政をつかさどる部署にも十分、理解を得て、予算を確保しておくことが肝要です。

○警視庁からの人材派遣始まる

東京都と警視庁は平成23年に児童相談所に警察官OBを配置するなど連携強化を図る確認書を交わしました。翌年度以降、少年の保護や少年事件の取り扱いを経験したことがある警察官OBを非常勤（会計年度任用）職員として雇用し、都内11カ所の児相に配置することとなったのです。児相

Cだけは中央児相の機能を有していることもあり、現役の警部が当初から配属されていました。

私は当時、この生活安全課から派遣（兼務発令）されていた現役警部にずいぶんと助けられました。所内での保護者との面接の際にも、こちら（児相）側から何も警察関係者（OB）です、と紹介することはなかったにしても、そこはかとなく漂う存在感（笑）を肌で感じていただいている様子でした。児福司と同席で面接をしていただいた折には、保護者の方々も不自然な威圧的な態度に出ることはなく、落ち着いて面接に臨めると好評でした。

特に非行児童相談ではこれまでの警察経験を活かして、保護者と児童に助言していただきました。

○退去命令発動

児相Cに配属されていた現役の警部に助けられたエピソードは多々ありますが、その中の一つをここで紹介しておきたいと思います。それは私が帰宅後の夜のことでした。けたたましく私の公用携帯電話が鳴りました。残業していた児福司からでした。「一時保護した子どもの父親が一時保護を不服として突然やってきた。その後、丁寧に説明をしたのだが帰ってもらえない。」というものでした。

「膠着した状態が続き、夜も10時を超えて苦情の態度も勢いが増し激しくなってきた、どうしたらよいか」というものでした。幸い、この日の面談には児相Cに警視庁から兼務配属されていた現役のW警部が面接に同席していたため、担当児福司に「再度さらに再度、丁寧に一時保護の理由を説明したうえで、それでも児相Cから帰らないならば、刑法130条に基づく退去命令を発動したい。最後の説得と退去命令の手順に従って父親に話してほしい」と命じました。

児福司にとっては、なれない手続きですが、現職W警部にとっては周知の手順です。退去を求める口述をくりかえし、それでも引きさがらないため最寄の警察署に110番。すぐに到着した警察官への説明は、児相Cに派遣されているこのW警部から行われました。このため、警察機関同士のやりとりがきわめて円滑に進み、情報の伝達・必要書類への記載等々、適切に終始したのです。最後は臨場した警察署員に電話で私の生年月日等を伝えるなどの事務作業を終え、父親は所を出ていったのでした。

これに限らず、警察署に立ち入り調査の依頼をする時や同行訪問をしていただく際などにも、警察用語を双方で用いながら児相の取り組みが極めて円滑に進むことが多かったと記憶します。

時は令和に移り、もはや児相と警察署との連携は欠かせない時代となっています。令和元年6月14日に厚生労働省で開催され全国児童相談所緊急会議の中では、なお相次ぐ児童虐待死事件を受け、子どもの生命・身体の保護を責務とする警察との情報共有と連携強化等がさらに進んでいるのです。

**これから児相をつくる自治体への
ショートメッセージ**

警察との連携は、児相のケースワークの展開の中でも重要な一部を担っていますが、さまざまな課題も残しています。これから児相を開設する自治体は、児相が開設される地域を所管する警察署と要保護児童対策地域協議会を活用したより強固な顔の見える関係づくりを促進することが先ず肝要です。

そして現役警察官の派遣を求めるのか、警

察官ＯＢの採用を求めるのか、現役警察官・警察官ＯＢにどのような職務を担ってもらうのかを先ず、しっかりと確定することが大切です。特に地域警察署の生活安全課少年係等で長く勤務されてきた方々と、刑事課で勤務されてきた方々との仕事を進めるプロセスが異なるからです。

確かに各区市町村の要対協に警察署の生活安全課（少年係）はメンバーとして入っている自治体がほとんどですが、同じ警察署であっても刑事課とは要対協としての公式な連携はたやすくないのが現状です。現場が緊密な連携の中で職務を進めていくことができるよう、採用時点での「担当職務」の明示・確認も重要です。

○支援と介入の業務分離の時代へ

平成20年代後半、都児相の中では、増加の一途の担当案件に児福司が心身疲弊しきってしまい、3年持たないうちに異動希望を出す職員も珍しくなくなっていました。

このころ、児相の児福司が一時保護をためらったばかりに児童が虐待を受け死亡してしまう事例が全国で相次ぎました。児福司は、法33条に基づき一時保護を実施した後、その直後から保護者と向き合いながら施設入所の承諾や家庭復帰についての相談に応じていってもらうようにケースワークを展開していくこととなります。しかし、「保護者とのこれまでの良好な関係をくずしたくない」「今、一時保護をしたら、この後のケースワークに支障が出てしまう」等、理由はまだ様々あれど、こうした思いが頭をよぎってしまうと一時保護を思いとどまらせ、タイミングを失ってしまうこととなるのです。

このため、都の児相内部でも、児福司の業務を虐待の初動調査を行うグループと、その後の対応にあたるグループにわけてはどうかという議論がもちあがっていました。（まだ令和元年の改正児童福祉法でふれられた一時保護等の「介入権限」とその後の児相の保護支援機能の分離が登場する以前のことです。）

私はこの「担当分離推進」派の一人でした。しかし、分離に反対の方々もいました。その理由は至極当然の反対理由でした。「これまでの児福司のケースワークの進め方は、ケースとして担当が決まったところから施設入所、そして退所して地域に家庭復帰するまでの一連の流れを担当するのが本来の姿。この一連の流れを体得してこそ、児福司として一人前になれる。役割を分離してはそうした人材が育たない。」等の考え方が反対する意見でした。私はこの考え方に異論を唱えるつもりはありません。それはそれでもっともな話なのですから。ただ、間違いではないと思いつつも、しかしそれは10年前までの、まだ潤沢に人材が確保できていた時代の過去や、児福司として自分たちが育ってきた環境からの意見と思いました。加えて発言する方々に共通していたのは、自分自身がケースワーカーとしても力があり、自信を持っている人たちだったのです。

たしかに私が平成16年に初めて児童相談所長になったころは、まだ児福司歴7、8年という職員が半数以上を占め、児福司の平均年齢は50歳を超えたベテラン職員が豊富でした。長く児福司を務めているため、ケースの流れも施設入所から退所まで把握できており、そのことも一人ひとりの司のケースワークへの自信にもつながっていた時代です。前述したとおり、平成11年当時の児童福祉司会調査記録によると、106人のうち、55歳以上が49人、45歳以上が48人でしたが、このような年齢構成の時代が長く続いていたのです。こうした時代を築いてくれた団塊の世代の定年退職後、やがて児福司経験が3年未満の職員が増えていく時代となっていたのです。つまり、「ケースワークの最初から施設入所・家庭復帰までの流れ」を5年も6年もしっかりと見届けていける人材そのものすら、極めて少なくなる時代に突入していたのです。

昔は係長級以上でなければ希望してもなれなかった「児童福祉司」職が、主任級職も加えないと人材確保できなくなり、現在では大学卒業後一番最初の配属先が児童福祉司だという人事事情になっているのです。その中で次々と職員がバーンアウトしていくことも発生していったのです。こうした時代の変化も踏まえながら、都でも虐待通告の初動調査や一時保護を専門的に所管するグループとその後の対応にあたるグループが形成されることとなりました。

その後令和2年になって御存じのとおり、改正児童福祉法において、支援と介入の分離が明文化される時代がやってきます。法改正後もこのしくみが全てが円滑に行えているわけではないことを私も現場で見聞きはしていますが、その結果の検証は歴史の証明を待つしかないと考えています。

これから児相をつくる自治体へのショートメッセージ

幸い東京都には、子家センがあり、これまで都児相と連携した家族「支援」を展開してきました。

都内子家センは、国が基礎自治体の取組の

モデルとして通知しているように、優れた支援機能を有しているのです。こうした都内で有意な発展を続けてきた子家センが、区児相開設を機に各区様々な組織改編の中にあるのです。子育て家庭への地域に密着した「子育て広場」や「ショートステイ」をはじめとするサービスをはじめ、子家センは、地域の住民にとって身近な子育て相談の場としても、「家族支援」の場としても貴重な存在となっていることは、忘れないでいただきたいと思います。

特に相談支援に関連して、特別区児相開設後の残された課題は、「所管区内の相談のみを受け付けるのかどうか」ということと思います。これは全国にはない、所管区域が限定的な特別区ならではの課題と思います。

「身近な地域で相談を受け付けてくれる」ということは、住民にとってメリットであり、これがデメリットとなることもあるのです。

かつて私の所属していた児相では、「区の子家センには地域柄、知り合いが多く、恥ずかしくてプライベートな相談に行けない。だから都児相のほうに相談に来ました」という方がおられました。住民が相談をためらったばかりに事態が悪化してしまうことだけは避けなくてはなりません。「相談できない機関」であってはならないのです。得てして児相に相談したい内容とは、他人に知られたくないことが多いのですから。各特別区児相は、所管区域が狭域であることも忘れずにいていただきたいと思います。

これまでの子家センと児相の機能を同一建物内の組織として一体化する特別区にあっては、相談情報の一元化とその後の対応の迅速性に期するメリットが生まれます。

その反面、前述のようにプライバシーが守られる中で相談したいと考える利用者にとっては、児相と子家センは行政側がどうPRしても「似かよった機関」であるというイメージを払拭しきれないこととなります。このことを想定して、相談に遠慮やとまどいが生じることがないよう、万全を尽くしていただければと思います。

最後に私の区子家セン勤務時の経験を一つ、紹介しておきます。

ある保護者が子家センに来所しました。児相の保護者指導も受けている方でしたが、「児相の担当者は説教が多く、出向くのも面倒だが、子家センの職員は私の子育ての苦労を受け止めてくれている。子家センには気軽に面談に行ける。」と言われたのです。保護者は保護者なりに「顔」を変えながら利用する機関を使い分けていたのです。それはそれでいいのです。保護者に逃げ道（相談しやすい場所が複数あること）をつくることは、結果としてその後の支援を円滑に進めることにつながるのです。

○児童相談所は迷惑施設？

E児童相談所は東京都内の市区町村のうち東部三区を所管の区域としている児相で、古い町並みとともに対照的なタワーマンションの開発が著しい地域に位置しています。かつてはJR駅前からほど近い場所にありましたが老朽化が著しく、次に大きな震災があった際には耐えられないということも含め、移転することとなったのでした。その候補地としてE区内の都有地があがり、移転することとなりました。

私が前任児相Cで移転計画に奮闘してたちょうど同時期に、このE児相も移転準備にさしかかっていたのでした。計画が進むにつれ住民説明会が開催されましたが、それは簡単なことではなかった様子でした。地域の住民の方々に説明を行った際に、様々な懸念が出されたのです。「非行児童も利用・入所する施設が近所に建設されると聞いたが、そうした子どもたちが地域に住む私たちに迷惑をかけるのではないか」、「保護された子どもたちが脱走した時に刃物とかをもって逃げたりすると考えると恐怖だ」等々、地域の小学校に子どもを通わせておられる方々からも不安の声が多く出されました。

たまたまこの児相開設のための住民説明会の前に、他県に設置されている少年院から入所児が脱走し、県内の民家に立ちこもったという事件が連日、テレビ放映されていたこともあったと思います。説明会のタイミングも運が悪かったと考えられますが、児相に一時保護された児童や児相に通う児童もこうした事件のような行動を起こすのか、と疑念を持たれたのです。

あたかも迷惑施設が地域にやってくるというような、住民反発の中での移転計画でした。

ちなみに「迷惑施設」とは法的に定められたものではありません。日本大百科全書によると「社会一般としての必要性は認められるが、そこで暮らす地域の住民においては不都合なため、建設や維持管理において近隣住民との合意形成の難しい施設」とされています。最近ではＮＩＭＢＹ(Not in My Back Yard「必要なのかもしれないが、自分の家の裏にだけはごめんだ」)と表現されることもあります。

児童福祉法で定められた、子どもの健全な育成に寄与する児童相談所はこの定義にあたる施設ではないことをあらかじめ付記しておきたいですが、開設にあたった都の本庁職員や初代の児相長等は、こうした不安に粘り強く説明と説得を続けたのでした。

しかし、こうした説明だけではなかなか理解を得ることができず、住民の方々の不安に対応すべく、さまざまな工夫も児相側は行ったのです。たとえば刃物の管理についてです。(誤解を避けるために書いておきますが、一時保護されている児童が刃物を振り回したことは私の20年以上の児相経験の中では一度もありません)。刃物を使用する場所は一時保護中の児童に暖かい食事を提供する調理場だけでした。このため、「調理室の包丁管理は使用後、鍵のかかる状況の場とする。また包丁の一本一本には、番号を明記し、紛失等がないよう厳重に管理する。」と、一例をあげればこのようなやりとりも開設までの間にはあったと聞いています。

また、これまでの都児相における非行児童対応や保護児童の様子などについても都側と児相により粘り強く丁寧な説明が繰り返されました。

開設の折には所内閲覧会も開催し、少しでも住民の方々の不安が軽減することにも留意したと聞いています。この児相に私は開設から1年後に着任したこととなります。

着任と同時に私は児相開設にあたり前任者が協議を続けてきた住民代表の方々に挨拶に出向いたのですが、せっかく前任所長と約束した内容の一つ一つが転任してきた私にしっかりと引き継がれているか、守られているか、という懸念が住民の方々からのお話を伺う中で空気感として感じ取れたことを今も覚えています。

住民の方からは「あなたたち公務員は、転勤し

江東児童相談所（筆者撮影）

たらここからいなくなれるからいいですよ。でも、私たちはここにずっと暮らし続けなくてはならないのです。」と、いまだ消えぬ児相不信を聞くこともあったのです。まだ誠実に児相の仕事の説明を続けていかねばならない必要性を感じました。

地域の不安を1日も早くふっしょくさせ、同時に児相の責務として今夜にでも子どもを保護しなくてはならない事態に備えなくてはならない責務はとても重いものでした。

私に限らず、全ての職員は、たとえ異動の初日であっても、そして次の異動先に着任する瞬間まで、下命を受けた地域の「子どもの生命」「最善の利益」と向き合い、その地域に愛着を感じて仕事をしています。そしてその地域の人々に、子育てを応援してもらえる一員となってほしいと願っているのです。

これから児相をつくる自治体へのショートメッセージ

新しく児童相談所を開設する自治体にあっては、その地域の特色に応じた様々な状況に応じた説明が必要です。また、開設にあたっての当初の説明会では意見がなにも出ていなくても、いざ建設が始まると思いもよらぬところから苦情がでてきて説明を行わなくてはならない事態も想定内です。地域住民の方々の不安をできる限りわかりやすく説明することを繰り返すとともに、児相開設の本来の意義を明確にするためにも、その後の児相運営を誠実に行っていくことこそが、地域住民の信託に応えていく上で大切と痛感しました。

都の本庁職員も設置の必要性を信念をもって住民に伝え続け、当該区も設置賛成の方向を示してくれたことでなんとか開設にこぎつけたE児相は、私の着任中は地域の方々に大きなご迷惑をかけることは発生しませんでした。それはひとえに開設後の日々の職務遂行にあたり現場で汗を流してくれた職員の皆さんと、前任所長や当時の本庁課長の取組があったこそなのです。

開設三年後も住民の方々との話し合いは継続していましたが、不安は少しづつ軽減していっていくことを肌で感じていました。

しかし中には、自分たちの事業経営や利益を得たいがために反対する場合も想定内で、このような場合は、子ども家庭の健康な生活を支える施設建設のため、という公務の「大義」を忘れず、くりかえし誠実に、かつ毅然とした態度で邁進していくしかありません。

○医師が足りない！

　このE児相の特徴はなんといっても職員数の多さと受理件数の多さでした。着任した当時は職員数は非常勤を含め60人を超え、平成27年度に新規受理した虐待の件数は約８００件でした。当時１年間に新規受理した虐待件数は、都内11児相（児童相談センター除く）の中でも最多だったのです。

　こうした中で愛の手帳（国の療育手帳）等の申請数も都内随一の多さで、職員は膨れ上がる相談件数に疲弊しきっていました。療育手帳とは都道府県で定めた知的障害者（児）に対して発行される知的障害の程度を判定した結果であり、18歳未満は児童相談所が、18歳以上は知的障害者更生相談所により判定されます。知的障害の程度により微妙に判定結果が自治体間で異なることもあり、東京都に転入してくる場合や転出する場合、転入出する自治体で同等の判定結果を受けられない場合には、時折トラブルが生じることもあります。療育手帳（愛の手帳）判定は自治体行政にとって極めて重要な位置づけとなっています。にもかかわらずこの判定に要する医師確保の困難度は年々、特に都心部では厳しさを増していったのです。

　この医師の確保は当時の都の場合、各児相の対応に委ねられていました。この愛の手帳判定を担っていただける医師の確保のために心理係長（現・統括課長代理）とあちこちの病院めぐりをしたのを覚えています。訪問したのは都内だけでなく、千葉県等にも出向いていきました。都内だけでは確保できないからです。まるまる一日（午前9時から午後17時まで）勤務してもらえることは先ず、考えられませんでした。一日のうちの午前中だけでも、午後だけでも、いや、一時間でも二時間でも……そんな呼びかけで療育手帳を判定していただける医師の方々をつなぎながらでも確保するために最前線で頑張る心理係長と一緒に都内を駆け巡ったのでした。

時代は移り、住民に身近な特別区に児相ができたことにより、この養育手帳等の判定そのものが劇的に減少したという都児相もあります。

これから児相をつくる自治体へのショートメッセージ

新しく児童相談所を開設する自治体は、児相の本来業務である療育手帳の判定を行う医師の確保を先ず、急ぐべきです。小児精神科の医師が最も望ましいのですがこの確保は都市部では相当、困難と思われます。知的障害に関わる判定業務に熱意を示して下さる若手医師の確保が現実的かもしれませんが、いずれにせよ早め早めの手配が欠かせません。

特別区に児相ができるということは、住民の身近な公的機関で手帳の判定が行えることです。これは住民にとって大きなメリットです。そしてその判定時に子ども家庭の必要な支援を予防的に発見することも多くなると思います。現在、都区では、都内各自治体間による判定基準や内容に差が出ないよう研修体制の充実などが進められていますが、地域により不公平感が出ないサービスとしていくことが大切です。

○親権の一時停止

陽が西に傾きはじめてきた時刻に、突然、S病院の医療ソーシャルワーカーを通じて医師からE児相の児福司に連絡が入りました。「6歳の障害を持った男児に緊急手術が必要となった。しかし、父親は『どうせこの子は障害をもって生まれた子。手術しないで死なせてもいい。』と、手術すれば助かる生命を拒んでいる。なんとかしてほしい」旨の連絡でした。（注：子どもの手術の実施には父母の同意が必要です）

この電話を受け、直ちに児童相談所で緊急受理会議を開催することとなりました。子どもの生命を守るためには一刻の猶予もない状況。緊張の中、所内協議の結果、家庭裁判所への父親の親権一時停止と保全処分の申し立てを行うことを決定しました。

担当の児福司らがこのための裁判所に提出するための書類作成を行い、これと並行して父親への最後の手術への同意説得のため病院に急行する児福司、そして家庭裁判所に本日中の書類持ち込みを連絡する職員、一方で児相の非常勤弁護士に作成した家庭裁判所提出文書の訂正・確認の依頼をする職員、保全処分の申し立てが受理され手術を敢行したその後の保護者への対応を行う職員等々、各職員はそれぞれに割り当てられた職務に迅速に動き出しました。

結果として親権の一時停止の申し出に対する保全処分が家庭裁判所から下され、手術を敢行、尊い一命をつなぎとめることができました。

この実務の進行管理を指揮したのは児童福祉のT係長とベテランのK児福司でした。この時の適確な事務執行は今でも私の中に、頼もしい部下の思い出として残っているのです。

これから児相をつくる自治体へのショートメッセージ

新しく児相を開設する自治体にあっては必要な法務が円滑に進むよう現在配置が進む弁護士の活用が鍵を握っています。幸い私のいた児相には過去、こうした事態への経験がある職員が何人も在籍していたため、円滑に事務作業も進みましたが、親権停止など極めて高度な法的介入をおこなうための弁護士はもはや児相に欠かせない存在です。国も配置の必要性を伝えています。

新設児相にとっての課題は、この弁護士の採用形態といえるでしょう。常勤として常時、児童相談所に席を設けるのか、会計年度任用職員等として、月何日間か児相に出向いてもらい法的助言をいただく存在とするのか等々から、児相がどのように弁護士を活用していくかをしっかりと議論しておく必要があります。また、弁護士の助言は高度な法律解釈に基づくもので極めて貴重な情報ですが、最後に児相としての行政「決定」するのは児童相談所長であることは忘れてはなりません。

第3章

一時保護所について

1 一時保護所ってどんなところ？

一時保護所（以下、「保護所」とも記載）とはどのようなところなのでしょうか。その内部は児相職員以外は、児童福祉や教育関係者にも公開されておらず、近年では強引な保護者からの引き取り防止のため、保護所の所在や連絡先さえも外部には知らされない時代となっています

一方で一時保護所内の児童指導は、ある意味保護所職員だけの外部との接触のない指導になる危険性もあり、こうしたことから幾度となくマスコミでは、「保護所職員による不適切な指導」や、「保護児童の人権への配慮に欠ける」等の批判の的ともなってきました。

一時保護は子どもの行動を一部制限することになるため、その期間は一時保護の目的を達成するために要する必要最小限の期間とすることとなっています。

そもそも児童の一時保護は、どのような時に必要となるのでしょうか。先ずこのことについて児童相談所運営指針から簡単に抜粋して記しておきます。

⑴ 緊急保護

……棄児、迷子、家出した子ども等、現に適当な保護者又は宿所がないために緊急にその子どもを保護する必要がある場合です。

また、子どもの行動が自分自身（自傷等）や他人の生命、身体、財産に危害を及ぼし若

しくはそのおそれがある場合などです。

虐待を受けて保護者等から分離が必要な児童や、夜間歓楽街を徘徊する児童が犯罪に巻き込まれないよう保護する等々もこれにあたります。

(2) 行動観察

……適切かつ具体的な援助指針を定めるために、一時保護による十分な行動観察、生活指導等を行う必要がある場合です。

たとえば校内暴力で落ち着かない児童を一時保護し、保護所での集団生活を通じた児童の行動診断も加味しながら、今後の進路として施設入所が適切なのか、家庭復帰が可能なのか等々、を決定していきます。

(3) 短期入所指導

……短期間の心理療法、カウンセリング、生活指導等が有効であると判断される場合です。

いじめ等を受けたことが原因で学校に行けず不登校が続いている児童などに心理・医学診断を実施し、子どもの特性に応じた生活改善や環境調整を検討します。

一時保護の期間については2ヶ月を超えてはならない（法33条3項）とされ、「ただし、児童相談所長又は都道府県知事等は、必要があると認めるときは、引き続き一時保護を行うことができる」とも記載されています。

この「必要がある場合」ですが、これには様々な状況が考えられます。施設入所を検討している場合は、適切な施設が見つからないこともあります。家庭復帰の検討のため保護者と面接を試みても保護者と会えなかったり、保護者の生活環境改善や病状回復が思うように進まなかったり等々、気がつけばあっという間に2カ月が過ぎていくこ

一時保護所への入所と施設への入所の違い

	一時保護	児童福祉施設入所
根拠となる児童福祉法の条文	第33条	第27条1項3号
これまで通っていた小学校等への登校について	保護者からの緊急保護の趣旨での保護の場合は、これまでの学校には登校できないのが原則 (原則として二か月間の入所期間	施設は児童の暮らしの場であることから、原則として地域の小中学校等に転校し、登校する
法執行に関する親権者の同意について	児童相談所長に一時保護の決定権限が認められている。	施設入所については親権者の同意が必要
親権について	引き続き、親権者に親権はある	親権のうち、身上監護権は施設長にある

ともあるのです。

ただし保護者の意に反した中で2ヶ月を超える一時保護を継続する場合は、家庭裁判所の承認を得る必要があります。

さて、「一時保護所」は、これまでの私の経験からは、児相を新設するにあたって地域の住民や関係機関から誤解をうけたりすることもある機能の一つと言えます。時には児童福祉施設等を利用した委託一時保護も行われるため、関係者にはより、わかりにくくなっているかもしれません。

一時保護となった後に保護者から「親権者に黙って親子分離を行う権限が児相にあるのか！」と恫喝される職員も多々おり、これまで時に殴られそうになっても（殴られてしまった職員もいます）毅然とした態度で保護者に対峙して、子どもの最善の利益を守ることを貫いてくれた多くの職員の姿が浮かんできます。

そもそも、この「一時保護所への入所」と「施設への入所」の違いが、関係機関でもよく理解されていないこともありますので、この違いについて、右図にて概略的に示しておきます。

令和2年7月現在、全国の児相は220カ所設置されており、その中の144カ所（同年同月厚生労働省統計）に保護所が設置されています。

私も仕事柄、全国各児相の保護所の見学に出向くことがありますが、東京のように都市部の児相では定員超過の入所状況が続き、場所によっては児童が落ち着かず保護所の壁にも穴が開いている児相もあります。そうかと思えば入所児童が3名以下で、入所児童が職員室に自由に出入りして、職員と見違えてしまう保護所を視察したこともありました。こうした事例はほんのひとつであり、都市部と地方という分け方や、入所人数による差だけで語れる場所ではありません。保護所のあるべき姿はさまざま報告されていますので別稿に譲り、ここではあくまでも都市部の児相についての私の見聞きしてきたことを中心に話を進めていきたいと思います。

2 東京都の児童相談所における一時保護所の変遷

⑴ 非行児童の入所率が高かった昭和時代

私の手元に古い資料があります。今から30年ほど前（平成2年）、当時都内の東部を所管していたR児相所の「児童相談のしおり」です。この中に記載されているR児相における平成元年度の「一時保護所入所合計」数は、実人数で169人（延べ人数4千483人）となっています。

入所の主訴別内訳は、養護相談96人（約57%）、教護触法53人（約31%）と、この二つの主訴入所が約9割を占めていました。（当時の資料ではまだ、一時保護の決定主訴としては養護相談の内訳に「虐待主訴」は設定されていません。）実に教護触法を主訴とする入所が3割を占めていたのです。

ちなみに、R児相の一人当たりの平均保護日数は26・5日、一時保護委託はゼロ件です。

R児相の児福司が受け付けた「主訴別相談受理状況状況状況」の総数は1千317件で、このうち養護相談は261件でした。この中で「被虐待相談」の件数は7件となっており、養護相談の多くは家出や離婚、家族環境、傷病などでした。また、当時は「棄児・置き去り児」の項目があり、ここに年間10件が計上されています。

養護相談とほぼ同数で多かったのが教護・触法相談で、相談総数は249件に上っています。つまり、養護相談とほぼ同数が教護・非行相談だったのです。一時保護件数にもこの数値が反映され、保護児童の三分の一は、教護・触法主訴の児童でした。この相談総数249件のうち、「盗み」、「粗暴」、「不良交友」、「家出外泊」はじめ「薬物」や「性的非行」の割合が高い状況でした。

R児相に入ってくる相談の経路別内訳をみてみると、最も多いのが家族親戚（約67％）、続いて警察署（約10％）となっていました。学校や福祉事務所等を経路とする相談は、警察からの相談件数の半数にも満たない時代でした。

この状況から、当時のR児相の一時保護所では、非行児童へのより手厚い指導が求められていたことがうかがえます。養育困難の主訴で入所してきた児童の安心した生活を守る意味でも、周囲の児童への影響力が強く、職員に対しても反抗的な態度をあからさまにする非行児童への対応に、最も力を注がざるを得ない状況もあったと思われます。

力関係で圧倒的に優位な非行児童に、弱い立場の児童が暴力や陰湿ないじめを保護所内で受けないように、とする「目を離せない管理的な指導」も行わざるを得なかったのです。

御存じでない方も多いとは思いますが、このR児相が一時保護所併設で開設された昭和後期、他県一時保護所では女性保育士が夜勤中に、非行主訴の保護児童に殺害される事件が発生しています。保護中の児童が保護所から抜け出していくために、保育士が夜間勤務中に持っていた内施錠の鍵を奪う目的で殺害したのです。（ちなみに都児相では、当時から内鍵による施錠は行われていません。）

時期を前後し、このR児相管内（R児相保護所内で、ではありません）で大きな少年事件が発生します。昭和63年の「女子高生コンクリート詰め殺人事件」です。本事件は何の罪もない女子高校生がアルバイトからの帰路、不良グループに絡まれ、筆舌に耐えがたい性暴行を40日余り受け続けた末に、殺害された事件です。死亡後も遺体がこの不良少年らの手でドラム缶に入れられた上、コンクリートを流しこまれ遺棄されたという、極めて残忍・凶悪な少年事件です。当時何日間も新聞に掲載されたのを覚えています。このような行為に至らなくとも、一時保護の必要な非行児がR児相所管内に多く存在していたのです。

こうした情報は当然、当時のR児相にも届いており、養育困難で入所してきた児童の保護所生活を安全に保っていくためにも、そこで働く職員をまもるためにも、「規則やルールを厳格に決めた管理的な保護所運営」の道をたどらざるをえない状況があったことは事実です。

非行児童の入所率が顕著な保護所運営は、児童一人当たりに必要な指導時間含め、一人ひとりと向き合った対応をしていくため想像を超えた児童指導力が必要だったのです。もちろん、こうした中にあっても職員の多くは一時保護所の民主的な運営に尽力していました。未熟な指導力の私も随分、助けられた経験があり、今でも当時の上司・同僚には感謝しています。時には入所児童から未来への無限の夢や可能性を教えられたこともありました。

そして今、東京都児相が一年間に相談（電話相談含む）を受け付けた総数約3万7千件のうち、非行相談は約1千九百件と、相談総数の約5パーセントに下がっています（平成30年版都児相事業概要より）。一時保護を必要とする児童の様相が当時と比較して、大きく変化したのです。

(2) 戦後の都児相一時保護所の歩み

時代をもっとさかのぼってみたいと思います。都発行の事業概要等によると、そもそも近代の都児相は、第二次世界大戦終結後の昭和23年1月の児童福祉法一部改正を受けて同年6月5日に6カ所（中央・麹町・京橋・上野・浅草・荒川）に設置され、戦争による孤児や養育困難や教護児童等への対応を始めたことに始まります。この6カ所全てに一時保護所が併設されてのスタートでした。

翌年には品川児相、その翌年には立川児相、杉並児相、昭和27年には墨田児相と次々と全て一時保護所併設児相が開設されていきました。この昭和27年には初めての都内児相の統廃合が実施され、麹町児相は中央児相へ統合され京橋児相が廃止となっています。同年7月には児童福祉法改正により、児童相談所に児福司を置くことが法定化されます。

その後都の児童相談所は幾度となく改編整備され、昭和50年3月に中央児童相談所が高田馬場明治通り沿い（現在の早稲田大学理工学部前）に移転改築され「児童相談センター」（一時保護所併設）となった後、都内の児相は平成に入り11か所（令和三年現在10カ所）の時代となりました。

この平成の時代の幕開けとともに、少子社会が進むのとは反比例しながら児相への相談件数は増加の一途をたどります。やがて一時保護される児童の中にもかつての非行児童にかわり、被虐待児童の件数がほとんどを占めるようになっていきます。

平成20年前後からは一時保護所に入所する児童数が急速に伸び、保護所の新設が続きました。同時に、児童指導や保護所運営の在り方についても、様々な検討が繰り返されました。

その当時、「虐待を受けた児童と非行をなした児童を同じ保護所・居室に入所させるのはいかがなものか」という学識経験者等の意見がありました。一時保護所への緊急入所時の選別・判断としての児童へのラベル貼りのような軽率なしくみは、むろん困難なことであるということは現場職員がよく知っており、この議論は沸いては消えていきました。

その後、区市町村の子家センン機能の充実とともに、保護の必要な家族状況の早期発見が進み、保護所の受け入れ児童が増加します。そして一時保護となる児童の多様性も加速していきました。近年では警察署からの家庭内でのＤＶ（ドメスティック・バイオレンス）目撃による書類・身柄通告数の増加が、顕著です。

⑶ 期待される これからの時代の一時保護所運営

これまで都児相に限らず、全国の一時保護所の多くは４人部屋など、複数の児童が生活することを前提に設計されてきました。現在進められている特別区の児相の一時保護所の理念は「少人数」「個室対応」と聞いています。ここがこれまでの都における一時保護運営と最も、異なる特色です。これまでの都児相の集団対応とは全く違った次元の取組が可能になるからです。

こうした中、東京都でも、子どもの権利条約や児童福祉法改正、さらに国の一時保護ガイドライン等の趣旨を盛り込んだ取り組みが、令和2年3月に一時保護所支援改善検討会報告書としてとりまとめられました。その中には今後の方向性として、「児童が安心を実感できる環境づくり」、「学習環境の充実」、「個別的な支援の在り方」、「余暇活動・外出の充実」、そして「私物所持の在り方」等々、8項目の主要改善項目があげられています。この検討委員は保護所職員により構成されており、「すぐに実施できるもの」「試行の後、その結果を見ながら段階的に実施するもの」「各所の特色に応じて独自に行うもの」として実務的に進めていくこととなっています。

　具体的にはこれまで行ってきたいわゆる「髪の染め直し」は行わないことや、私物の所持については可能なものは認めていく等も盛り込まれました。

　前述した非行相談数の減少に限らず、都内の少年による刑法犯罪の数も、昭和60年時点では約2万5千件だったのが、平成30年には約3千件に激減（警視庁統計）している時代です。非行児童への指導中心の一時保護運営の時代とは大きく様変わりしている今、これまで同様の管理的な指導手法は終焉を迎えるに至ったのです。

　入所児の中には、性自認に特徴がある児童もいます。子どもの多様性（ＬＧＢＴＱＵＩＡ等含む）にも配慮した、新しい時代の保護所運営に期待したいと思います。

　これから新しく設置される区児相の中には、一時保護中の児童への教育の機会をできる限り、一時保護前の学校教育の環境に近いものとして提供しようと検討している区もあります。

　たとえば某区ではすでにＩＣＴ教育が進んでいて、タブレット端末で家庭と学校がつながっています。そのタブレットを保護所に持ち込み通信可能な環境を提供することで、一時保護前と同様の、個別生徒に応じた学習が継続できるよう検討しているのです。

　新型コロナ感染症が蔓延する中、「新しい生活様式・日常」への対応が求められている中で、この区の全小学校タブレット導入の取組は、これまでの不登校児童への対応にも効果が期待されます。一時保護児童にあっても、「登校」するだけが学習の機会の確保の選択とは限らないのです。不登校で一時保護された児童などには、保護所の職員の関わり方一つで、学習への意欲の獲得につながることも期待できるのです。児童の特性や立場に応じた柔軟な学習指導としても、少人数の保護所運営ならではのメリットをフルに生かすこととなる、素晴らしい取り組みとなると考えます。

ちなみに、「入所児童の要望に応じた面会の確保」が他県市で問題となっています。確かに面会は必要ですが、児童と保護者の面会のあり方については、児童の権利擁護の観点からも一律に決められるものではないと考えます。これは高度な児相の判断内容の一つと私は考えています。なぜ一時保護せざるを得なかったのか、なぜ家庭支援では無理だったのかを含め、一時保護されたプロセス、保護所入所後の子どもの意向、保護者の子育てへの考え方等、様々な状況を、総合的に分析した上で一件一件、慎重に面会の機会は設定すべきです。（もちろん、理由なく半年以上、全く面会をさせないなどは、あってはならないことですが）

一方で、個室を基本とする特別区児相は、そのメリットともに、入所定員を厳格化することにもなります。特別区内に新設される保護所の許容定員は、これまでの一時保護実績をもとに、今後の伸び率を乗じた試算をされているのではないでしょうか。私は、児相によっては開設後数年間は、その予想を超える入所ニーズが発生すると想定しています。それは、都の一時保護総数は、都の保護所の現行定員が基本として算出された実績であり、各特別区の子家センが切実に「保護してほしい」と思っていた時に、保護がかなわなかった数を加えて計上されていないからです。

加えて、各区に児相か設立されたとなれば、教育関係者や警察関係者からの期待もふくらみ、通告や保護依頼も増加すると思われます。こうした事態に備え、委託一時保護が可能な施設や里親拡充についても、児相開設前から取り組むべき開設準備の一つなのです。

そして今、改築・新設が進む東京都児相の一時保護所も、個室対応を基本とする部屋構造にかわりつつあります。

3

一時保護所で働く職員はプロ中のプロ職員

多くの児相新設自治体では、専門職としての人材確保が課題となっていますが、こと保護所職員の確保については、保育所や児童館出身の職員の転配属による職員配置も考えておられるのではないでしょうか。都道府県の児相のように、公立の児童養護施設等を有しない特別区としては、保育士資格や社会福祉士資格を有し働ける職場は限られています。

しかし、私はこの一時保護所の職員こそ、児童養護施設や児童自立支援施設同様あるいはそれ以上の児童対応スキルが必要な職場と考えているのです。

たとえば「保護所への入所」の場面を想像してみて下さい。一時保護所というところは、子どもたちが望む望まないにかかわらず、突然、これまでの生活場所から離れて入所となります。このため子どもたちは、保護所に到着後、どんなに丁寧に優しく説明を受けたとしても、心臓が飛び出るぐらいの不安と向き合っていることもあるのです。

かつて一時保護された児童が、大人になってから、一時保護されてきた最初の日の印象をテレビで振り返っている場面を見ました。その人は、「保護所にはじめて連れられてきた時、『テレビドラマで見ている警察署の、悪いことをした人が面接を受けるシーンと同じだ』と感じ、とても怖かった」と回想していました。

児福司や保護所の職員にとっては、「いつもと変わらない」仕事の流れの中で入所事務が進んでいくシーンにしかすぎません。しかし当該子どもにとってみれば、人生最大の出来事が目の前で繰り広げられていることとなるのです。まずこのことを子どもの目線で理解することが大切です。

そしてひとたび保護所に入所となれば、そこには様々な理由で生活をしている児童たちが在籍しています。この中にいきなり飛び込むこととなるのです。誰も知り合いがいない新規入所児にとっては、最もストレスフルな瞬間の一つなのです。

かたや、これまで在籍している児童側にとっても、新しい入所児童を前に落ち着きません。「どのような子が入ってきたのか」「どんな理由でここに来たのか」「仲良くできそうな子か」等々、そんな気持ちでいる自分自身も午後にはここを退所していくかもわからないという不安な中で、気持ちは浮足立つのです。

こうした状況の保護所を、全ての子どもの最善の利益を守りながら落ち着いた環境として運用していくことは、容易なことではないのです。

誤解を恐れずに言えば、日々、入所児童が入れ替わり、将来の見通しに不安を抱える児童の集団を支える一時保護所の職員には、児童養護施設等職員と比較して、より高度な職員としての力量が求められているのです。

私は管理的なケア体制が望ましいと、ここで力説するつもりはありません。これまでの生活圏から離れて保護所での集団生活を始めた児童にとっては、朝、決まった時間に起きて歯磨きをして朝食を食べる、こうした職員にとっての日常のルーティンについても、児童にとっては「管理的」であり、とまどいを示す児童も多いことを、関係者含め理解しておくことが大切なのです。

あまりに厳格に決められた集団生活のルールや時間管理を職員から求められ、耐えられず、「二度とあんな厳しいところに行きたくない」と、子どもが感じるのは、程度の差こそあれ、これまでの子どもの暮らしていた家庭とは別世界の空間と時間が、目の前に拡がっているということもあるのです。

こうしたひとりひとり、さまざまな生活様式・物事の価値観の中で過ごしてきた児童への「集団指導」は、「どの入所児童にも平等に保護所での生活を守られ、利益を得られるため」として、一定の指導基準へのコンセンサスのもとに形成されました。この「集団指導」が、子ども一人ひとりの個別性に着目した「個別指導」を重視するよう、時代が変化したのです。

しかし、それでも保護所生活でのルールはこれからも存在していくでしょう。大切なことは、このルールが、どんなにささいなルールでも、職員間の十二分な話し合いのもとで形成されていくことが重要ということを述べておきたいと思います。それは、日々児童に対応する職員にも、一人一人が育ってきた職員自らの生活環境や子どもへのしつけ観、そして「物事への価値観」があるからです。この「価値観」や「生活観」の違う職員が一同に会して、子どもたちの日課指導を行うこととなるのです。

たとえば、朝の時間の過ごし方を考えてみたいと思います。朝食までの時間に「朝、全員で体操をして、すっきりした気持ちでおなかをすかせてから朝食時間を迎える日課としたい。それが健康的な暮らしだから。」という職員がいるとします。それは私から見ればとても素晴らしいことです。

一方で「朝食までの時間は、のんびり思い思いに読書をしたり部屋で過ごさせたい」という職員もいます。また、食事時間の過ごし方について「楽しくおしゃべりを自由にしながら過ごすのが食事」という職員や、「新型コロナが蔓延しているためおしゃべりは絶対駄目」という職員もいます。

食べ物の好き嫌いについても意見はさまざまです。「食事はできる限り、好き嫌いなく少しずつでも食べられるようになるようにするのが、食事時間のありかた」、「いや、嫌いなものは申告してもらい、無理をさせないで残してもよいことにする。」「家庭的な雰囲気を大切にするなら、少しだけ盛り付けるようにすべき」等々と、食事の一場面を見ただけでも、それぞれが思い描く「理想の朝食までの時間の過ごし方」「食事時間の過ごし方」「食へのこだわり」があるのです。

個々の職員が自分なりの生活日課を自分の受け持ち時間に展開してしまうと、「あの職員の時はこうだが、あの職員の時はこうしなくてはいけない……」などと、保護児童が気を遣うような事態となってしまいます。是非、このようなことにならないように、この高度な児童指導が必要な保護所をワンチームとしてまとめていっていただきたいと思います。

保護所開設までの間にしっかりと、「保護所での生活の質をどう考えるか」を議論されていることが大切ということです。そして様々な決まりを受け止める児童にとっても、子ども目線でわかりやすく、納得のできるルール・決まりなのかを徹底的に話し合っておくことが必要です。上司の考え方一つで日課の流れを決めてしまうようなことがあれば、不満がくすぶったままとなり、日課指導が進むにつれてやがて指導方針の「派閥」ができ、職員相互の信頼関係にも溝ができてしまうことは想定内です。そのルールや日課となった理由について、みんなが理解し、納得していることが大切なのです。少なくとも、あなたに第三者委員等が職場視察にやってきて、あなたに「この場面ではどうしてこのような日課になっているのですか？」と、尋ねられた際、「ルールとして決めましたから」「上司に指示されているからです」としか、答えられないような職場にしてはなりません。

4 一時保護所職員の勤務体制

一時保護所の職員の勤務は、入所型の児童福祉施設と同様、職員がローテーションを組んで運営されています。勤務の帯の呼称はさまざまありますが、「早番」「遅番」「夜勤」のほか官庁執務型の日勤等が一般的です。次頁の図はその一例です。勤務形態の理解を深めるためのあくまでも参考としてください。

ローテーションでの勤務が基本ですので、どの時間帯で引継ぎを行うのかを含めて、各自治体の裁量の範囲ですが、大切なことは、夜間帯といえども、できる限り常勤職員（正規職員）を確保することです。これは日常の業務を円滑につないでいくためにも必要ですが、事故が発生した際の児相の責務としても問われることとなります。

また、ローテーションで配置される職員の確保は、研修等や年次有給休暇取得（少なくとも年間10日以上）も前提として考慮すべきです。年少児と学齢児、その学齢児を男子・女子と分割して設計している場合は特に、それぞれの児童を担当するためのローテーション勤務体制と人員が必要です。

どんなに保護人数が少ない場合であっても、その日の夜に入所が相次ぐことも想定されます。このため、入所人数に限らず勤務人員は確保しておくことに留意が必要です。

なお、一時保護所の職員に、児相に勤務時間外

以下の表は、一般的な仕事の内容を示すもので個別の職員数と配置については表作成の都合上示していない。その他、日勤職員の勤務帯、行事での外出や、緊急対応時の人員増の確保などは、下記に示されていない。

11:00	12:00	13:00	14:00	16:00
遅番への引継ぎ	昼食対応	児童対応	児童対応	退勤
遅番への引継ぎ	昼食対応	児童対応	児童対応	退勤
遅番への引継ぎ	昼食対応	午睡対応	午睡後の失禁対応・洗濯等	退勤
出勤　早番からの引継ぎを受ける	昼食対応	午後の活動対応	午後の活動対応	夜勤への引継ぎ
出勤　早番からの引継ぎを受ける	昼食対応	午睡対応	午後の幼児対応	午後の幼児対応 夜勤への引継ぎ
				出勤 引継ぎ / 業務開始
				出勤 引継ぎ / 業務開始

②衣類準備　③洗面道具等準備　④健康状態の把握　⑤妊娠の有無・感染症の有無を看護師と確認等々。
「日勤」の職員は、保護所内の各役割に沿って、衣料品を購入外出したり、行事にかかる準備をしたり、年休などの権利行使が可能となるようにも人員配置に配慮が必要。

に入ってくる児福司や関係機関等の取次ぎや夜間連絡の対応を、第一義的にゆだねることはあってはなりません。一時保護所の職員は夜間であっても、見回りや警察署からの身柄付き通告への対応（実際の夜間対応エピソードを後述）など、煩雑な業務を限られた人数で行っているのですから。

●一時保護所は「想定外」も想定内

平成20年代後半、虐待を受けた恐れがある児童を含め、もはや一時保護所は緊急ケースの中でも特に緊急を要する児童しか受け入れが困難なまで逼迫していました。ここからは少し、一時保護所の運営を含めて一時保護所で起こりうることや、あるべき姿についてあくまでも私の経験やエピソードから話を進めていきたいと思います。

児童を受け入れる保護所は、得てして落ち着きのない児童への注意指導に目がゆき、殺伐として

シフト 概略　最低限でも必要な人数（個室化や小グループでの個別・グループ指導を行う場合は、さらに人数が必要）
※早番=2人／（日勤=〇人）／ 遅番=3人／ 夜勤=2人（3人）

月曜日

列3	7:00	8:00	9:00	10:00
学齢班　男子職員A（早番）	出勤	（朝食対応）	夜勤からの引継ぎを受ける	学習指導（体育指導）／病児の通院等
学齢班　女子職員B（早番）	出勤	（朝食対応）	夜勤からの引継ぎを受ける	学習指導（体育指導）／病児の通院等
幼児班　職員（早番）	（出勤?）		夜勤からの引継ぎを受ける	幼児対応／園内外庭で遊ぶ／近隣散歩
学齢班　男女職員（遅番）				
幼児班　職員（遅番）				
学齢班　男女職員（夜勤）	起床指導・朝食準備・指導		早番・日勤に引き継ぎ／業務終了	
幼児班　職員（夜勤）	起床時対応・夜尿洗濯対応・朝食対応		早番・日勤に引き継ぎ／業務終了	

日中に限らず、児童福祉司や警察署から「身柄を一時保護願いたい」と保護の依頼が入り、臨機応変に対応することとなる。この入所対応のために担当となった職員は、最低でも1時間程度は勤務の帯から外れる必要がある。保護児童の担当となるため、インテーク面接にはじまり、①保護児童の保護所書類の作成

しまいがちで、ある保護所は視察した方々や内部告発の形で、一時保護所が人権侵害をしているのではないかという指摘もされました。「もっと児童の人権に配慮した、安心感を持てる保護所づくりを」とくりかえし指摘されていたのです。その後、国も「児童虐待防止対策の抜本的強化について」（平成31年3月19日閣議決定）により「適切な環境で一時保護できる受け皿の確保」「個別的な対応ができる環境整備」「人権に配慮した一時保護所づくり」等が打ち出され、一時保護所に第三者評価も導入される時代を迎えます。この時代にふさわしい保護所に変革していくためには、職員への研修の充実も必要と考えています。

こんなことが過去、ありました。ある一時保護所に実習生として入った方（社会人）の感想です。食事場面の実習指導中だったのですが、職員による食事マナーの悪い児童（小学生）を叱責する声

が大きすぎて、その実習生自身、「足ががくがくと震え、お茶碗を持っている手も震え、食事がのどを通らなかった」と後日述懐していました。（断っておきますがこのような保護所ばかりではないですが。）

一時保護所職員としては当たり前（当たり前でないかも……）の日常の指導風景も、実習生から見れば異質な空間に見えていたのでした。

それでも職員は常に子どものことを考えて朝食も食べられなかった児童に、「朝、起きて歯磨きをして朝食を食べる」その当たり前の生活から健康的な生活を取り戻してもらいたいと心から願っているのです。しかし、急にはその「あたりまえ」「健康的な生活」になじめない子どもの方が多いのが現実かもしれません。保護された初日、その瞬間から掃除当番や起床・就寝時間が定められ、目が回るような日課の中で生活の流れに乗っていかねばならないことは、児童にとっては過酷なのです。

しかし、かといって一方で職員は保護が必要な子どもがやってくる24時間、いつなんどきも対応しなくてはならないため、児童が入る度に個別の児童ごとに日課を変えているようでは入所児童も落ち着きません。日課の進行「管理」と個別性に着目した対応という相反したケア・ワークが求められているのです。こうしたことからも、前述の如く保護所職員には高度な専門性が求められるのです。

一方、警察署からの夜間の身柄付き通告も増加する中、時に定員を超えても受け入れることが求められる窮状も現実です。保護所職員からすれば、「特に夜間など少ない人数で運営しているのに事故があったらどうするのか（管理的な要素も必要なのだ）」という苦言も私に届いていました。その苦言はけっして職員の傲慢さからくるものではなく、多人数の保護所運営の難しさを物語っているのでした。

一時保護されてくる児童は実に様々な問題を抱えており、一時保護児童同士の中にも暗黙の力関係が存在しています。職員が少し目を離した隙を狙い、入所前は学校内でいじめられて泣いていた児童が、保護所入所後、より力関係の弱い児童をいじめていたこともありました。一時保護されるまでに壮絶な成育歴を繰り返してきた児童もおり、親から愛情をかけられるどころか、裏切られ、人を信用することすら忘れている児童もいます。ならばなおさら保護所の職員の心暖かい対応が必要なのですが、こうした暖かい対応を逆手に取るように、児童は職員の想像を超えた形で時に逸脱行動を起こしてしまう日々。入所インテークの際、「何も所持していません」と、にっこり温和な笑顔を浮かべていたため、その笑顔を信用して入所となった児童が、たばこやかみそりのような刃物を隠し持っていたこともありました。「想定外も想定内」であることを知った出来事でした。

かつて入所後の事故を未然に防ごうと、他県では持ち物の検査として「身体確認」が行われていました。その「方法」が「人権に抵触する行為を含んでいた」として懲戒処分（あくまでも他県の例）の対象となった事例は御存じのとおりです。現場の大変さは職員お互い理解しつつも、意識の変革が求められる時代にも入ったのです。

保護所で日々、いじめのない保護所づくりも心がけてきたからこその厳しい指導は、児童福祉法第1条の理念を具現化する「子どもの最善の利益」を第一としたものに変えていく時代になっています。

●無断外出

保護所では職員の眼が届かない隙を狙って児童同士が、保護所生活に耐えられなくなり保護所のある二階から飛び降り、無断で不良交友のあった児童宅等に逃げこんでしまうこともありました。この無断外出と呼ばれる行為は、実は職員に厳しく指導されているばかりが原因で発生するものではないのです。「クリスマスで彼女（彼氏）に会いたくなった」とか、「おばあちゃんを自宅に一人にしてここに入所して気がかり」等々、児童は様々な「自己都合」で無断外出をしてしまうこともあります。

夜勤中、口笛が外から聞こえたのであわてて窓を開け、その方向を見てみると、中学生のグループ数人がオートバイに乗って、入所している児童の無断外出を手伝おうとしていたこともありました。今はもう見かけませんが、たばこの差し入れを、ベランダに投げ入れてくる不良仲間も、いました。

無断外出した小学生たちが車上をあらし、その車を盗み、運転し、東北自動車道を逆走し、インターチェンジの出口で警察に補導されるということもありました。小学生が、です。

無断外出は、時に上記のようにあらたな非行行為や犯罪を引き起こしてしまうこともあります。また、保護所二階から飛び降りるのは怖いと、シーツをつなぎあわせロープとして降りようと試みた際、途中でシーツがちぎれてしまい、尾骶骨骨折で入院となった女児もいます。このほか女児の無断外出の際は、性被害にまきこまれてしまったこともあります。

無断外出する動機の一つには、生活ルールの窮屈さとともに、入所後の児童の気持ちが落ち着いていないことも原因の一つとしてあったと思います。児福司と保護所職員は、入所してきた児童に丁寧な「アドミッションケア（一般的には施設入所前後の時期のケアをさす）」を実施し、時に自尊心を失ってしまっている児童には心理職の関わりも行いながら、「あなたが悪いから入所してきたわけではない」ことや「あなたを大切なひとりとして受け入れたい」等のメッセージを伝えていく必要があるのです。

保護児童が無断外出するタイミングとして次に多かったのが、事前に施設入所（それも希望していなかった結果として）を告げられた後があります。特に自宅への家庭復帰に一筋の期待をしていた非行児童が児童自立支援施設に向かう時は、児福司にとっても当該児童にとっても緊張がピークになる瞬間となります。

このため児福司は、施設に児童が移送される当日になってはじめて、自宅に帰れないことや施設入所を告げることが多くなります。あくまでも移送前の無断外出を避けたいがための苦肉の策であったと思いますし、私もそうしてきたことを反省しています。その事実を聞いた児童から見れば晴天の霹靂の一日の始まりとなるのです。

施設の選択は本来、施設の決定の前に児童にも尋ね、話し合えることが理想ですが、現実的に都市部等では施設定員が空いているところに入所を打診するということが多い状況です。こうした中にも今後の進路（入所する予定の施設）について児童と向き合う時間を増やすことが求められています。

児童本人が、少しでも前向きな気持ちで施設に入所していけるようにしていくためには、現場的にはまだまだ様々な課題もありますが、児童の一生を左右する選択を児福司は行っているのだ、ということをもう一度、原点に返って考える時代になっているのです。少なくとも、これから始まる施設生活が、「これは、あなたが健やかに育っていける選択肢として児相の職員みんなで応援して決定した」ということを、伝えていくことも大切です。

本来は児童自身と一緒に考え進路選択への自己決定を促していくことが理想ですが、こうしたきめ細やかな新しい取り組みも、少人数の特別区保護所では可能となってくるかもしれません。

某区児相では、入所予定の施設について十分説明するとともに、可能な限り事前に児童とともに現地に赴き、自己決定の一助としているところもあると聞いています。

短い一時保護所の生活の中にも、いわゆる「リービングケア（一般的には施設を巣立っていく際の準備ケア）」が存在しています。これからの進路についての不安に応え、ささえていくのは、児福司の取組でもありますが、保護所職員の日頃からの声掛けや関わりによるところも大きいのです。入所している一人ひとりに「ここは安心できる場所なんだよ」「こんないいところがあなたにはあるんだよ」「あなたを大切な存在として見ているよ」と、こんなメッセージを発信しつづけることです。このためには、保護所配属の心理職の役割も重要です。

保護児童の日常を支える保護所が初めての児相職場である、という職員が増えていくことは想定内で、だからこそ保護所職員への優れたSV（スーパーバイザー）の確保も児福司SV同様、欠かせない課題です。

なお一部では、「児相は外に出られない閉塞感があり、これが無断外出にもつながっている」と述べられたりもしていますが、保護所の児童指導員や保育士たちは、精一杯、保護児童に四季を感じ取れるように行事（クリスマス会やひなまつり会など）のエンターテイメントを準備したり、所外活動として遠足や社会見学にも出向くなど、地道な取り組みを今日も続けているのです。

●緊迫する夜間対応

児相Cを除く都児相の場合、夜間の深夜帯は男児・女児の居室対応としてそれぞれ一名ずつが配置されているのが、これまでの基本でした。夕方から朝9時頃までの夜勤となりますが、夜間に警察署から身柄付き通告として児童が入所する場合は、このどちらか職員が一人、警察署からの入所児童に対応することとなっています。この間、男児・女児どちらかの居室空間は職員が不在となります。

警察署からの身柄付き通告児を引き受けた後、直ちに持ち物の確認等を実施します。たばこやライターの持ち込みをはじめ、スマートフォンや危険薬物等の所持がないかを入所直後に個別に確認します。そして私服を一時保護所で準備した衣類に着替えることとなります。こうしたこれまでの一連の対応の見直しが進み、都でも前述のような検討が繰り返されましたが、これまでの保護所運営の基本となるルールの中には、昭和後期の保護所運営の中で形成されてきたものも残っていたのです。

私が在職していたひと昔前は、前述のように非行児童の入所が多くを占めていました。非行に染まった女児の中には室内いっぱいに漂う香水をつけ、下着が透けているノースリーブの衣類を着て深夜三時頃に保護されてくることも珍しくなかった時代です。背中に威圧感を漂わせる竜の絵柄や暴走グループらしきマーク付きのジャンパーを着ながら、眉をそり金髪リーゼントで鋭い視線を入所他児に浴びせる少年も少なくありませんでした。こうした児童について、「入所後もそのままの髪型・服装でいい」とは、とても言えない時代でした。「みかけの威圧感」がそのまま児童の保護所内での威圧的な言動として日常の保護所生活に現れ、児童集団の安定への懸念材料となることも十分、想定されたのです。

まして、非行児童にとってみれば保護されてきたことは不満この上ない状況なのです。こうした児童に対して落ち着いた生活に入ってもらうための保護所職員のインテーク面接は、並大抵のものではありませんでした。容姿から威圧感がある児童の入所には、すでに生活している他児が不安に駆られないようにするだけで精一杯なこともあったのです。

そうかといえば入所時点で垢に汚れ、何日間も家庭で入浴すらさせてもらえなかった児童が、夜間みすぼらしい衣類で入所してくることもありました。こうした児童には、相談所で準備する衣類に着替えてもらうことで保護所入所時に恥ずかしい思いをしなくても良い、という安心感につながることもありました。

特に夜間、緊急に保護されてくる児童の対応で、一時保護に納得できていない場合は大変です。

深夜、警察官がパトカーで児童を身柄付き通告で保護所に送り届けてきた時のことです。警察官が保護所に児童を送り届けて帰ったとたんに、この児童は「俺はここになんか来たくなかったんだ！」と、態度を硬化させ、大声をあげながら保護所を飛び出そうとして暴れたことがありました。

午前2時、手に負えなくなった保護所職員が「保護所に入所したくないと暴れ始めているがどうしたらよいか」と私に電話で連絡してきました。

私は「もう少し、落ち着くまで説得を繰り返してほしい」と夜間対応している保護所職員に伝えました。しかし午前3時、「だめです、引き止めても何度も出ていこうとして今、玄関のガラスを割れるほど叩いています。他の子どもたちもこの音に驚き、目覚めてざわついていると、もう一人の夜勤勤務の女子職員から連絡が入っています。これ以上の引き留めは無理です！」と悲痛な連絡が入ったのです。

この児相は、夜間帯は男女1名ずつで勤務していました。1名の男性職員が新しく入所してくるこの児童対応につききっきりの間、男女20名を超える入所児童の就寝時の見回りに対応していました。

こうした事態に限らず、特に夜間の非行児の緊急入所は落ち着かないことが多いため、本来ならば、その落ち着かない児童一人につきっきりで一晩、対応をしたいところなのです。このように夜間ほど児童対応へのリスクマネジメントが必要な時間帯はないのです。夜間の緊急入所時に対応できる職員数を確保することを含め、警備員の配置なども検討として必要です。

暴れる児童だけが大変なのではありません。女児についても、性的非行により入所してくる児童は性病にかかっていることも想定され、夜間対応として他児と同室にするわけにはいかない場合があります。性病検査が終わるまでは入浴等、日常生活を他の女児と同一にすることはできないのです。今は少なくなりましたが、毛じらみ等が頭にわいている児童もいます。入所後は夜間であっても直ちにこの駆除対応が必要で、当面の間は他児との接触も限定的にせざるをえない状況となります。

また、ひとたびインフルエンザ感染等が保護児童の中に発症すると、静養室等での隔離対応がまず行われます。しかしこれとて、一人二人までで、5人・6人と出てきた場合には集団隔離も困難となります。夜間、緊急に新しく入所してくる児童を高熱にさらすわけにはいかず、新規入所もストップとなり、他の保護所が定員超過での受け入れとなるのです。(現下の新型コロナウイルス感染症に罹患したあるいはその可能性のある児童の一時保護については、その対応策に現時点では決定打がないため、医療機関に頼らざるを得ません。)

いずれにしても、一時保護所の児童援助の在り方は抜本的な改革が求められていることはまちがいがない事実です。しかし、「保護児童の人権を守る」ということは、「全ての保護児童の人権を守る」ことでもあり、一時保護所職員がちょっと目を離した隙間を利用して他の児童に悪質ないたずら等を行ってしまう児童についてもあたたかい指導をしていくためには、絶対的な職員数の確保も欠かせません。

特に最も職員の対応が手薄になる夜間の職員配置は、抜本的に見直さねばなりません。多くの一時保護所職員はこの夜間帯の勤務に大きなストレスを抱えているのです。

夜間対応の最後に私の経験から。夜間、物静かな中で「コトリ」と音が鳴った時のことでした。念のためとその方向を見に行くと、男女の居室空間が完全に分かれた構造の保護所にもかかわらず、入所中の男児と女児が浴室で抱き合っていたということがありました。その時は想像もしていなかった光景のため、情けないですが若気の至り、足が震え、声も震えて注意をする際に裏声しか出なかったことを覚えています。これが一時保護所なのです。ちなみに、性的加害で保護所に入所してくる児童にその性衝動を抑制させようとする取り組みは並大抵ではありません。また、性被害を受けた児童（特に女児）が同時期に保護所に入所していると、二次被害が発生する可能性は格段に高まります。特に夜間帯には人員配置含め特段の指導的配慮も求められるのです。

●25歳の女子中学生？

保護所には様々な「児童」が入所してきます。自称「児童」の人も入所してきます。

ある日、警察署から「15歳の中学3年生。それ以外の発言が本人からない」という迷子の「女児」が身柄付き通告で保護所に入所してきました。この「女児」はどういうわけか、警察官の質問や声かけには、生年月日（偽りなのですが）と中学生だということだけを話した後は、詳細を全く、口にしないまま緊急保護となったのです。

しかし、児童相談所についたとたん、「この人はどうみても（風貌から）中学生ではない。」と、児福司や保護所の職員が警察官に訴える事態となったのです。警察官からは「中学生と言っていますので中学生です。保護できないのですか！」と押し問答となり、確かに中学生ではない、という蓋然性（証明）も何もないため、記憶喪失や知的障害も疑った上で、やむ負えず保護所に入所となりました。

こうして四、五日が過ぎていったある日、保護所職員が「じゃあ学習時間だから勉強しようか」と伝えたところ、学習に全く、興味を示さないそぶりをして急に落ち着かなくなりました。「勉強がいやなの？」「まだ学校で習ってないのかな？」「学校の先生と電話でもお話してみる？」などと保護所職員が尋ねたところ、急に「家が恋しくなった」と泣き出したのです。

実は、この数日間、保護所の職員はなんとかこの詳細不明な女性から会話を引き出そうと、職員同士で協力しあってきたのでした。そして、話をしないのは、本当は病気や気質からではなく、わざと話をしていないだけの様子じゃないか、と保護所の職員は「プロの直観」として感じ始め、どんなささいな言動も観察していこうと皆、協力していたのでした。

一度話をし始めたら、あとは堰を切ったようにこの女性は話し始めました。結局、この女性は他県在住の「25歳の既婚女性」ということがわかり、この翌日、警察車両で居住地の他県まで送り届けてもらうこととなったのでした。

こうした事例の他にも、「年齢不詳の迷子男児」が警察署から身柄付き通告されてきたことがありました。しかし、この保護男児は、入所後、入浴をかたくなに拒否する日が続いていました。男子トイレに入っても小便器を使用しないのです。必ず個室を利用していました。やがて職員は一つ一つの行動に不自然さを感じるようになり、数日後、この男児は、「女児」であることが保護所の職員の関わりの中でわかったのです。警察官が「男児」として保護してきた児童です。

こうしたエピソードは保護所の職員が入所児（?）のなにげない日常の会話やしぐさの変化をずっと行動観察し、児童とのラポート形成にも努めながら、チームワークで真相を明らかにしてくれた事例です。この事実を聞いた時、私は本当に驚きましたが、日々の行動観察の成果として、今でも保護所職員の高い観察力とチームプレーに感謝しているのです。

（この事例は5年以上前の事例です。現在では、こうした児童は状況によっては性自認についての小児精神科医師の診断を行い、その診断によっては行動特性への理解が、保護所職員含め児相に求められます。たとえばこの事例とは異なりますが、どうしても男子トイレに入りたくない、という男児が入所してきた場合、共用トイレ等の活用で日課を過ごしてもらうことも児童の権利擁護の観点から必要な時代となっているのです。）

●施設への移送中に児童が逃走

児童の移送といえば、一時保護した児童を児童自立支援施設等に移送するのも児福司の重要な仕事の一つです。なかには、「施設なんか行きたくない」、と思っている児童もいるため、児福司にとって施設入所の説得は時に骨のおれる仕事です。ようやく施設入所に納得したと安心しても、移送の途中で逃げてしまうこともあります。移送中このようなことが過去、ありました。高速道路を使用して担当のW児福司が児童を施設まで移送している途中のことでした。もう少しで高速道路を下り一般道路に入るという手前のインターチェンジで、女子中学生児が「トイレに行きたい」と訴えてきたのです。

このとき、W児福司は高速道路上のトイレに向かわせ、出口で待っていました。が、トイレの出口が2つあることに気がつかず児童に逃げられてしまったのです。所内にいた私に、W児福司から「移送中に児童が逃げてしまいました！」と報告があったのはその直後でした。

私は、最寄りの警察署に児童の捜索を依頼をするよう、W児福司に伝えました。この日着ていた服装、いなくなった場所、履いていた靴の色、髪型等々、詳しく最寄の警察署に連絡するよう指示をしたのです。W児福司も普段は優秀な仕事ぶりなのですが、まさかのほんのちょっとの隙を狙われてしまったのでしょう。

しかし、その後この一件は思わぬ方向へと展開していきます。この逃走から一時間ほど経過した時、突然、マスコミ記者から児相Cに取材電話が入ってきたのです。

記者からは「非行の少年（少女）が施設に移送中に脱走したらしいが、〝どんな罪状〟の子どもか」「刃物は持っていますか」と、耳を疑うような内容の取材電話だったのです。

電話をかけてきた記者に、どこでこのような情報を入手したかを尋ねましたが話してもらえず。そうこうするうちに、夕方のテレビニュースに「児童が無断で逃走」と、先ほど女児が逃げたインターチェンジ上空の様子が、ヘリコプター映像として流れたのです。

このテレビ報道を受けて、一社ではなく、他局の放映でも同様な光景が放映されはじめます。そのテレビ報道内容は「児童が少年施設に移送中に職員の隙を見て逃走し行方不明。なお、刃物等は持っていないもようです。」と、全局ほぼ同じ内容でした。

このテレビ報道を受けて夕方以降、次々とマスコミ各社からの問い合わせ電話が、私の席に入ってきました。記者の質問内容の多くは「逃げ出した児童はどのような犯罪を行っていたのですか」「どのような罪状の少年を少年院に移送しようとしていましたか」という内容で、こちらはマスコミの誤解を解くために一社一社に「移送しようとしていた施設は児童福祉法で定められた施設であり、犯罪歴があって施設入所となる児童ではない」ということを繰り返し伝えることとなりました。

当日は、児相Cの幹部職員がマスコミ対応のために午前零時すぎまで所内で待機し、新聞社やテレビ局からの電話取材に追われました。私は今でもその時、一緒になって取材対応に当たってくれた児相Cの幹部職員達に感謝しています。

さて、なぜここまで大きな報道となったかですが、それは数日前に他県の少年院から男子中学生が脱走し、刃物を所持したまま民家に閉じこもる事件があり、大きく報道されていたからだったのでした。この少年院からの脱走事件と我々の児相での逃走が、同じような印象で「東京でも（立て続けに）……」と報道されてしまったのです。

この一件は私の様々な危機管理対応の不足による失敗談として反省しています。

まず、「所管警察署に連絡を」と指示をしましたが、マスコミ対応の窓口となっている警察署の副所長とはその後、何も接触をもちませんでした。マスコミに情報提供をするかどうかは警察署の判断ですが、「マスコミにも情報を提供した」という情報を私が事前に入手しているかいないかで、その後の東京都の対応の迅速性にも影響が出たのです。（必ずしも警察関係者が情報を事前提供してくださるとは限りませんが）

ケースワーク面でもこの事件が発生してから、児童移送の在り方を再度、見直すこととなりました。

まず、あらためて移送前にしっかりと当該児童に説明し、納得を得られているかを確認することにしました。そして女児の移送には担当児福司に限らず必ず女子職員が同行することとし、途中で逃走することも想定される場合には、男子職員も同行することとしました。トイレ休憩等については、移送経路上に事前に警察署等の公共機関の所在を確認し、インターチェンジ休憩所等の公衆の利用が多く死角だらけの場所ではなく、緊急の場合はこうした場所を借りるよう移送経路の導線を確認しておくこととしたのでした。

これに限らず、児童の一時保護所から施設への移送中は様々なことがおこります。私自身、児福司として明治通りを（やむおえず）タクシーで児童移送中に、児童が車内で大暴れして運転席のシートを何度も蹴飛ばしてご迷惑をかけてしまったことや、信号待ちで停車中にタクシーのドアを開けて逃げ出そうとした児童も経験しています。移送が嫌で公用車の下にもぐりこんで出てこなくなった児童もいました。

いずれにしてもこうした事態は想定内です。児福司の業務の進め方の改善とともに、児童の移送車両確保等については民間に委託される自治体もあると思いますが、公用車の車種についてはバンタイプの中型車を準備されることが賢明と思います。そして公用車を委託契約する場合はその運転手・事業者との守秘義務契約もしっかりと締結しておくことが重要です。マスコミはいかなる手段を講じてでも、欲しい情報は入手してきますから。

第4章

家庭養護の担い手とともに歩んだ日々

この本を読んでおられる方々の中はこれまで「里親さん」と出会い、直接かかわられた経験がまだ少ない方もいらっしゃるのではないでしょうか。私は児相勤務時代に随分、この里親さんたちに子ども養育で助けられてきました。

家庭養護のしくみは、ここ十数年のめまぐるしい法改正等により大きく変化しました。この章ではまず里親制度とは何かについて紹介し、東京都における里親制度の歴史的な変遷や国の法改正・制度改正にもふれながら、里親さんたちとのエピソードについてもいくつか紹介していきます。

そのうえで、次章では、「フォスタリング事業」について、社会福祉法人二葉保育園二葉乳児院の取り組みを長田副院長に紹介していただきたいと思います。これからの家庭養護施策推進の参考になれば幸いです。

1 そもそも家庭養護って?

そもそも家庭養護とは、里親制度等と養子縁組制度の総称です。里親制度が現在の法律上で定められたのは昭和22年の児童福祉法制定時です。当時の児童福祉法第27条3において里親とは、「都道府県知事が、保護者のない児童又は保護者に監護させることが不適当と認められる児童を養育することを希望するものであって、都道府県知事が適当と認めたもの」旨と定められています。

近代の家庭養護は、第二次世界大戦後に発生した大量の孤児・浮浪児を家庭で養育できるよう国を挙げた取り組みとして進められました。昭和23年10月には国から「里親等家庭養育運営に関して」が各自治体に通知され、昭和29年には「全国里親委託促進月間」が設定されます。

里親の数は、昭和33年をピークに全国で1万8千696人、里子は9千489人（厚生省社会福祉統計年報）となりましたが、その後は社会経済状況の変化等から減少していきます。

日本における里親制度等がこれまで普及してこなかった理由については様々ありますが、この理由の一つには「公的・社会的支援の乏しさ」（柏女2002）や「国民全体の他児養育思想の乏しさ」（古川2007）などがあげられています。

また、少し古い資料ですが、「家庭外ケア児童数及び里親委託率等の国際比較研究」（平成23年厚生労働省科学研究　主任研究者 開原久代）による世界各国における「要保護児童等への里親等家庭養護への委託率」を紹介しておきます。この中で里親の委託率比較として、例えば英国では70％以上、米国が77％、オーストラリアでは93％となっている中、日本は12％となっています。海外諸国と比較していかに日本の委託率が少ないかがわかると思います。余談ですが、平成14年に実施された同様の海外比較調査研究では、日本の委託率は6％と記されています。10年の間、他国の委託率に大きな変化がない中、日本だけは委託率は2倍になったものの、それでも「新しい社会的養育ビジョンの目標値」には全く届いていません。

さて、このような家庭養護ですが、まず最初に里親制度と養子縁組制度の違いを図（次頁）で簡

〈里親制度と養子縁組制度の違い〉

	特別養子縁組制度	里親制度
根拠法	民法	児童福祉法
子どもの身分	・生涯にわたり、実の親子と同じ権利・義務関係となる。 ・養親の戸籍に養親の苗字で搭載される。	・原則、18歳までの里親子関係 ・子どもの戸籍は生来の戸籍と変わらない。 ・児童相談所から措置費が里親に支弁される。
決定機関その他	①家庭裁判所 ②過去、家系の存続が縁組希望理由として多い時代が長く続いた ③これまで民間事業者の果たす役割大	①各都道府県知事 ②社会的養護体系の中の家庭養護の位置づけ ③これまで行政（児童相談所）のかかわり大

（筆者作成）

単に整理しておきたいと思います。

この里親制度には子どもを受託する様態によりさらに次頁の図のような種類があります。

さらに養子縁組についてもおおまかに図（次頁）に示すような違いがあります。

いかがでしょうか。一口に家庭養護といっても、さまざまなしくみがあるのです。

現在「新しい社会的養育ビジョン」をもとに、各自治体では子どもはできる限り家庭で養育することが望ましく、それがかなわない場合は家庭養護・家庭的養護（施設のグループホーム等）の中で養育していくことを推進しているのです。

ちなみに最近の都における養育家庭の登録数と委託児童数の推移ですが、

平成26年　委託児童数（372）／登録家庭数（682）

〈里親制度の子どもを受託する様態〉

養育里親		養子縁組を希望する里親	親族里親
	専門里親		
さまざまな事情により家族と暮らせない子どもを一定期間、自分の家庭で養育する里親です。	養育里親のうち、虐待、非行、障害などの理由により専門的な援助を必要とする子どもを養育する里親です。	養子縁組によって、子どもの養親となることを希望する里親です。	実親が死亡、行方不明などにより養育できない場合に、祖父母などの親族が子どもを養育する里親です。

（引用元：　広報誌「厚生労働」厚生労働省　mhlw.go.jpより）

※注：この表中の「養育里親」については、東京都だけは「養育家庭」と独自に呼称しています。

〈養子縁組制度の違い〉

	普通養子縁組制度	特別養子縁組制度
決定プロセス	養子となる者が15歳以上の年齢の場合、養親と養子の同意	・「家庭裁判所の審判にて親子とする」旨と決定。・実父母の同意が必要
戸籍搭載時の記載	戸籍には「養子」「養女」と記載	戸籍には「家裁により長男・長女として承認」旨記載
その他	実親との民法上の親子関係は継続。〔養子には実親と養親二組の親がいることに〕	・原則として申し立て時、養子となるものが15歳未満 ・実親との法的な親族関係が終了

（筆者作成）

平成30年　委託児童数（463）／登録家庭数（824）と、緩やかな伸びにとどまっています。

平成29年の里親委託率を見ても、国の19・9％と比較して都の場合は13・5％（ともに福祉保健局資料より）と、国の定めた様々な目標値達成にはなお一層の努力が必要な状況となっています。

こうした中で今、東京都社会的養育推進計画が進められているのです。（ちなみにこの推進計画では、平成41年度において、社会的養護に占める家庭養護の割合を概ね6割とする方針が示されました。）

2 なぜ東京都だけ里親制度を「養育家庭」とよんでいるのか

東京都では国の「養育里親」のことを養育家庭と呼んでいます。なぜそうなっているのでしょうか。養育家庭の会のホームページや都の古い資料も参考にしながら、簡単にその歴史を振り返っておきましょう。

時は昭和40年代。戦後まもなくの戦災孤児を受け入れるという里親制度は、高度経済成長後の核家族化の進行の中で、制度目的に変化がみられるようになってきました。非行の増加や核家族化による家族環境問題などから、社会的に養護が必要な児童増加の時代に応じた里親制度に変えていくことが都には求められるようになっていたのです。

当時はまだ「養子縁組制度」と「里親制度」が行政の中でも「混在」し、子どもを家庭に迎え入れる「親の都合」（たとえば、里子として養育しているが良い子ならば跡取りとして養子縁組する等）も色濃く存在していた時代です。

この頃の都の社会的養護の様相は、都内乳児院の在籍率が100％を超えるところもあり、児童養護施設においても幼児の入所割合が約3割の時代が続いていました。乳幼児を中心としたより家庭的な児童への援助（当時は「処遇」と言っていましたが）は、この当時から課題となっていたのです。

もはや大都市東京では、この「都市化・核家族化」により生じた新たな社会問題に、従来の養子縁組を中心とした里親制度は機能しなくなってきていたのです。

やがて昭和43年2月の児童福祉審議会において次の内容が意見具申されます。

(1)里親登録を改善し、里親と養子縁組を別の取り扱いとすることを検討すべきこと
(2)里親制度の推進のため児童相談所の指導体制を充実強化すべきこと
(3)里親制度の普及啓発活動・研修を充実すること
(4)里親手当等必要となる経費の改善を行うこと

すなわち、時代の変化の中にいる児童の受け皿として、「子どもの視点」から、里親制度と養子縁組の制度を明確に区別して運用していく必要性が、児童福祉審議会で指摘されたのです。

ちなみに、昭和23年の里親制度発足以来、昭和47年までの、都内の延べ里親登録家庭数（養子縁組も混在している数）は約6千件、辞退家庭（その多くが養子縁組したことによる辞退）は約4千500家庭（全体の76％）と、養子縁組の比率がかなり高かったことがうかがえます（数値等は東京都の養育家庭制度10年の歩み　昭和58年刊より）。

こうした中で、従来からの里親と養子縁組が混在する制度の改善と、将来の縁組を期待することに重きを置いたこれまでの里親制度ではなく、子ども中心に可能ならば養護が必要な全ての児童に「家庭」生活を体験できる機会を広く確保しよう、そしてこの取り組みは社会的養護の担い手による社会参加の一環として位置づけよう、という議論が生まれていきます。

そして昭和47年に開催された東京都児童福祉審議会里親制度専門分科会に、これからの里親制度の具体的運用の在り方が諮問されたのです。分科

会は、要保護児童の質的変化に対応していけるよう、昭和43年2月の児童福祉審議会で意見具申されていた内容（前記）を、より具体化するために開催されたのです。

その結果、昭和47年11月東京都児童福祉審議会の意見具申「東京都における里親制度の在り方について」と題した報告書の中で、子ども養育第一の視点から里親制度と養子縁組制度を「明確に区分」したことを表す言葉として「養子縁組を目的としない里親」の総称を、「養育家庭」と呼ぶことと記されたのです。さっそくこれにもとづき、翌年4月には「東京都養育家庭制度実施要項」が制定されます。

この意見具申を受けて都児相による里親支援とともに、養育家庭を支えるための独自の東京養育家庭センターが昭和48年から児童福祉施設に付設されていきます。（ちなみに当時もこのしくみを支える窓口を児相におくのか、施設に設置するのかが、施設の偏在性や力量も含めて議論となっていました。）

発足当時は都内四か所（石神井学園・東京育成園・調布学園・至誠学園）だった養育家庭センターは、昭和62年には9か所に増えていきました。その後東京都では様々な歴史的経緯があり、平成14年にこのセンター制度を廃止し、里親支援のしくみを児童相談所に一本化します。

私がA児相・B児童相談所に勤務していた頃は、この養育家庭センター制度廃止の直後の混乱期でした。里親さんの中にも「以前のほうが良かった」、施設側からも「どうして廃止にしたのか」「施設のほうが24時間いつでも連絡できる」等々の苦情が現場には渦巻いていました。

毎年、年に一回、東京養育家庭の会の総会が開催されており、当時は児童相談所長や都本庁の里親担当もこの総会に招待されているのが通例でしたが、この会場内が制度改正を不満とする里親さんの苦情や怒号に包まれていたことを、今でも私は忘れられません。

時は流れ平成30年、東京都では養育家庭制度ができてから最も大きな認定基準の改定を行うに至ります。これまで定めていた年齢基準（旧：25歳以上65歳未満）の撤廃や、居住要件（旧：二室十畳以上）の緩和など、大都市の生活実態に応じた改編が行われました。なかでも配偶者がいない場合の要件（旧：補助者が必要／20歳以上の親族もしくは事実婚の同居者）がゆるやかになったことで、特段の事情がある場合は単身でも可能となりました。今後はさまざまなかたちの養育家庭が登場することとなるでしょう。

また、養育家庭を支えている東京養育家庭の会と各支部活動は、特別区児相の発足と都による養子縁組里親の養育家庭へのいわゆるダブル登録が始まる中で、「養育家庭」としてのあり方の大きな過渡期を迎えているのです。

3 都における里親支援機関事業の黎明期

やがて国でも都に遅れること数十年、平成20年の児福法改正でようやく養育里親（都の養育家庭）と養子縁組が法の中で明記されることとなります。この平成20年は、厚生労働省により里親委託を推進させるための新たなしくみとして「里親支援機関事業」の展開を新しく打ち出した年でもありました。

(1) 里親支援機関事業の目的と内容

里親支援機関事業については、当時の国の通知によると次のように紹介されています。

①目的

保護を要する子どもに対しては、より家庭的な環境で愛着関係の形成を図ることができる里親制度の普及・促進が重要となっているが、諸外国と比較しても日本の里親制度の普及はまだまだ進んでいない状況。こうした状況を踏まえ、里親委託を推進するため、里親制度を積極的にPRするとともに、里親を育て、支えていく体制の整備を図ることを目的とする。

②内容

里親への委託を積極的に推進するために、里親支援機関は次の事業を行うものとする。

・里親制度の広報啓発等、新規里親を増やすためのPRを積極的に行うこと

・里親登録前研修の実施、研修体制の充実を図

ること

・子どもに最も適合する里親を選定するための調整等を行うこと

・委託里親への定期的な訪問援助・相談・指導等の支援を行うこと

等、以上の業務を乳児院、児童養護施設等の施設やNPO法人等へ委託することを可能にし、総合的に実施することとされたのです。

（注意：令和3年現在、この制度は平成29年国通知により、里親支援機関事業は「里親支援事業」へと発展的解消しています。）

(2) 民間人が児童相談所の執務室内で一緒に仕事を？

東京都ではこの里親支援機関事業を受託する民間事業者としてどこが適切か、そしてどのような形態で連携していくかが当時、都の児相内部の大きな課題となっていました。

なにせ、民間の事業者との初めての本格的な業務連携が始まるのです。まず、家庭的養護推進モデル事業を試行するための事業者として平成17年に社会福祉法人二葉保育園・二葉乳児院が決定されました。

二葉乳児院は東京の信濃町に位置する社会福祉法人二葉保育園の運営する乳児院です。

1900年（明治33）に華族女学校付属幼稚園に勤務していた野口幽香と森島美根によって設立された伝統ある児童福祉施設です。創立当時から貧民子女のための慈善幼稚園として歩み始め1906（明治39）年に麹町より四谷鮫河橋に移転し、200名以上の児童を入園させ、親への働きかけも積極的に行い地域の向上に尽くした施設です（社会福祉法人二葉保育園の歩み百年より）。

二葉乳児院も、かつて前述の里親家庭を支援する

「養育家庭センター」の一つを担っていた時期があり（平成14年3月廃止）、その当時から里親支援に力を入れて取り組んできた歴史があります。この乳児院から職員が1名、二葉乳児院職員の身分を有したまま、児童相談センターに派遣されてくることとなったのです。

さて、事業者は決まってもそこからが大変でした。きわめて高度な個人情報を取り扱っている「公務室」での職務と民間事業者の仕事がなじむのか、それだけでも反対する職員もいたのです。単なる業務連携だけでなく、児相の施設内中で民間人が常時、仕事をすることがよいのか、必要なのか（今となれば各自治体でもめずらしいことではなくなっていますが）ということから大きな議論となったのです。

結局、実務としての業務連携の必要性から、児相内に二葉乳児院の職員が入ることはやむをえない、となったのですが、建物内に入ることは容認できても、その事業者のためにどのような執務環境を確保するのか、が議論されました。つまり、公務と隔離された執務スペース（部屋）を確保すべき、という意見でした。しかし、各児相の構造上、執務室を別に確保できるスペースはありませんでした。執務室の確保が物理的に困難ということになった後も、同じ部屋の中で席を設定するのか否かで随分、結論が出なかった記憶があります。児相の執務室内は、虐待家庭への取り組みや非行児童の一時保護などのやりとりが日々、喧々諤々として飛び交っています。中には入所施設の児童についての保護者の勤務の様子や、施設の対応の不備なども時として愚痴の一つとして児福司から飛び出しているのです。

この児相の執務室内に、試行であっても民間の乳児院から来た職員が在籍していていいものか、児相とその職員との具体的な業務連携はどうするのか、三か月以上の議論が続きました。その結果、児相Cの執務室内にはじめて民間事業者の職員が同席する形で、試行がスタートしたのです。

(3) 優秀だった民間事業者からの初代・里親委託等推進員

さて、このような事業実施前の児相側の戦々恐々とした疑心暗鬼をよそに、いよいよ二葉乳児院の職員が児相職員と同じ執務室の席に座ることとなりました。その後、平成20年度から児童相談センター管轄の区市町村の里親支援機関事業を担うこととなっていきます。実際、仕事が始まってしまうとこれまでの心配はどこへやら、消えてゆきました。ここから東京都の里親支援体制が劇的に変化（好転）していくことは、当時の私ですら予感できませんでしたが。

里親を支援するという目的で派遣されてきた初代の職員（第五章の執筆を依頼した方です）は誰が見てもとても優秀で、瞬く間に地域の里親さんからも、机を並べる都児相職員からもその支援力で信頼を得ていったのです。

民間事業者が里親支援に参画したということは、里親さんが行政（児相）職員にはいえないような悩みも気軽に話してもらえることもその目的の一つでした。とかく児相職員に養育上の悩みを打ち明けると、養育力不足として受託児童を解除されてしまうのではないか……という不安を持つ里親さんもいたのです。こうした里親さんへの「気軽な相談役」という役割をはじめ、事業者独自の里親制度の普及啓発グッズの開発・配布、都と区市共催の養育家庭体験発表会等のおりの相談会開催等々、初代の里親委託等推進員はその役割を見事に果たしたのです。

スタート時にこの職員ひとりが一か所の児相で担っていた「里親委託等推進員」は、国制度の動きとは少し異なった都独自のしくみの中ではありますが、令和の今、都児相全てに配属されて、チーム養育の一翼を担って活躍しているのです。

(注：里親委託等推進員は、その後、都の実務上、役割を変え、令和三年現在、国においては里親委託等推進員は名称変更されています。)

4 フォスタリング事業活用の時代へ

時は流れ、この国の里親支援機関事業は新しい社会的養育ビジョンの登場もうけて「フォスタリング（里親養育包括支援）事業」に発展し、都内の児童相談所にはこの事業をどのように活用していくか、が求められています。

フォスタリング業務とは、国により「里親の広報・リクルート及びアセスメント、里親登録前後及び委託後における里親に対する研修、子どもと里親家庭のマッチング、子どもの里親委託中における里親養育への支援、里親委託措置解除後における支援に至るまでの一連の過程において、子どもにとって質の高い里親養育がなされるために行われる様々な支援であり、児童福祉法第11条第1項第2号へに掲げる業務に相当する。」と位置づけられています。

かつての全国の児相の里親支援体制と職員配置を振りかえると、ＯＪＴを担える児相内のスーパーバイザー級職員も限られており、過去の全国里親会調査では、地区担当の児福司と里親担当が兼務の自治体も珍しくありませんでした。しかし、今、改正児童福祉法で国も家庭養護推進に舵を切った今、児相の家庭養護担当の存在と役割は、近年に増して重要となっています。

こうした中で新設児相では今、これまで児童福祉に携わってきた様々な事業者のフォスタリンク事業への新規参入希望に直面しています。どの業者にフォスタリングを委ねるのか、ということに加えて「どこまでが行政の役割」であり、「どこは事業者にまかせることができるか」、里親制度と向き合う行政の責務と理念を明確にしておくことが、フォスタリング事業者の選定前に必要です。このことがこれまで家庭養護に向き合ってきた現場経験がない特別区等にはわかりにくいのではと思います。

しかし、特別区に児相ができるということは、この家庭養護の領域でその効果が最も発揮できるということであることも、忘れてはなりません。たとえば既に先行設置されている某区児相のフォスタリング機関は、里親制度の普及啓発にユーチューブも活用していると聞きます。これはほんの一例ですが、特別区に児相ができる大きなメリットの一つが、行政にはできない柔軟な発想と行動力も活かした地域密着型の普及啓発・リクルート活動の充実なのです。今後の様々な事業展開に期待したいところです。

フォスタリング事業者の活動に期待することは多々ありますが、ファミリーホームの設置促進もその中の一つです。

ファミリーホームには養育家庭ベースの受託児人数を上限6人まで増やした「養育家庭移行型」と、「法人型ファミリーホーム」の2つの形態があります。平成26年度と比較した5年後の養育家庭移行型の設置数の伸びは鈍化（平成26年13家庭→同30年16家庭）していますが、法人型ファミリーホームは急増（平成26年3家庭→同30年9家庭）しています。児童福祉施設を母体とするフォスタリング事業者にとっては、すでにグループホーム事業展開の実績がありますので、法人型ファミリーホーム事業着手へのハードルが低いのです。

（注：今後は法人型で運営する場合であっても

里親への登録が求められます。)

これからのさまざまな子どものニーズに応えられる家庭養護の拡充のためにも、また一時保護機能の選択肢の一つとしても、各特別区にはファミリーホームの充実も課題であり、ここでもフォスタリング機関の持つ専門的な事業手法は重要となってくるのです。

5 里親支援に果たす行政職員の役割

では、家庭養護推進に果たす行政（児相）の役割とはなんでしょうか。これを一言で言い表すことは難しいのですが、私は、公務を通じた高度な専門性の発揮と、公平・安定的な公費の事務執行にあると考えています。里親担当の児童福祉司はいうまでもなく、地方公務員です。職員は地方公務員として各自治体の条例で定めるところに従って、服務の宣誓をすることによって地方公務員となる、とされています。（地方公務員法第31条「服務の宣誓」）

たとえば、ある自治体の宣誓書は「私は主権が国民に存することを認める日本国憲法を尊重し、且つ、擁護することを固く、誓います。」「私は公務の執行にあたり、民主的且つ効率的に運営すべき責務を深く自覚し、全体の奉仕者として誠実かつ公正に職務を遂行することを誓います。」旨、等となっています。

つまり、里親さんからみて児相の里親担当は、「お役所」の職員なのです。それは目に見えない信頼でもあり、それだけに、期待される動きができない場合は大きな失望にも変わってしまうのですが。

この間、平成28年の児童福祉法改正を受けた新しい社会的養育ビジョンの登場、前述のフォスタリング事業の導入、そして民法改正による特別養子縁組制度の制限年齢の原則15歳までへの引き上げなど、家庭養護のしくみは大転換の時期に差し掛かっているといっていいでしょう。

このような中で公平・安定的な公費の事務執行としては、措置費の適正な支弁もその一つではないかと考えています。措置費はいうまでもなく都民の税金から支出されています。都民の税金を用いる以上、その費用が適正に執行されているかを見極めることが行政の役割なのです。これを養育家庭制度にあてはめると、子どもに対して支弁されている養育費等を含め、養育家庭として適切な養育の中でそれが適正に使用されているのかを、高度な専門性と公平な視点からかかわること考えています。

この視座から、養育家庭と子どもをマッチング（ひきあわせ）することや、子どもの今後の成長を見据えた自立支援計画の策定は、行政（児相職員）が責任を持たなくてはならない最も大切な部分と考えています。里親宅調査にあたっての家庭訪問調査の際には、何を調査してくるのか、そのポイントをしっかりと捉え、民間事業者にまかせきりとならない行動力と判断力・職務遂行力が、児相の里親担当には求められているのです。児福司の人口比配置基準が三対一と引き上げられた中、この家庭養護を担当する児童福祉司の充実も忘れてはならないのです。

過去、私の所には里親を支援する親担当児福司にも優秀な人材がいました。

たとえばA親担当児福司は日頃から里親開拓への発想が柔軟でした。新しい里親開拓のためのパンフレットの配布は、キャンペーン時の駅前等での配布にとどまらず、家族が集いそうな映画館に置かせてもらうなど、ターゲットを絞ったさまざまなアイデアを私に提供してくれていました。こうしたセンスも里親担当には大切なのです。

さらに都では、前述のように養子縁組を希望する里親と、養育家庭制度は明確に区分してきた歴史が長く続いたのですが、令和2年度の東京都児童福祉審議会の答申を受け、同年10月からは、登録希望者を増加させることも目的の一つとして、養子縁組希望者による養育家庭（養育里親）の併願登録（いわゆるダブル登録）を認めるという新しい時代に入りました。

この是非についてはこれからの歴史の判断に譲るとして、利害関係を離れて公平な視点から登録希望者に説明することも、行政職員の重要な役割なのです。

一方、民間養子縁組事業者には、それぞれに実に多彩なサービスを提供している実績とともに、各事業者間の縁組までのプロセスや養子縁組への考え方に様々な特徴（相違点）を持ち得ています。

民間事業者を通じた養子縁組斡旋の場合、児相が関与するのは「同居人届」が提出されてからです。ここでも行政としての児童福祉司指導中の調査結果が裁判所から求められているのです。

これまで都児相単位に進められてきたNPO法人東京養育家庭の会の支部活動にも、変化がみられるようになってきています。同法人からは「区に児相ができた場合は、これまでの支部活動を継続できるとともに、区児相のメリットを活かして新たな支援や取組にも積極的であってほしい」と要望が出ています。

この点における行政の役割は、当面の間、各区のフォスタリング事業者と養育家庭の会の支部活動が、都との「広域調整」の中で円滑に推移していくよう見守っていくことです。そのためにも先ずは、所管内の里親さんたちを新設児相のみなさんが知ってあげて下さい。そして、「大切にしています」というメッセージを発信してあげてください。区児相管内の養育家庭・里親支部との付き合いはそこから始まるのです。

6 素晴らしい里親さんたちとの出会い

ここからはこれまで私がお世話になった里親さんとのエピソードを思い出しながらふりかえってみたいと思います。紙面の都合で全ての里親さんとのエピソードは書ききれませんが、少しでも里親さんと直接接したことのない読者の方々の参考になればと筆をすすめます。

◇朝の改札口で思わず感動

それは平成16年の冬のこと。朝8時半すぎ、私は出張で都内JRの改札口に向かっていました。駅は朝の通勤時でとても混雑していましたが、その中に背中にリュックを二つ、背負いながら幼児を2人、それぞれ右手・左手でつなぎながらあわただしく改札口を抜けようとしている女性が私の目に入りました。

「保育園に送り迎えしているのかな……。朝から大変だなあ。冬なのに汗かいている……」と思いながらその女性をなんとなく注視した時、私は驚きました。普段、お世話になっている所管区域の里親さんだったからです。

実母が入院中の期間（二週間）限定の委託一時保護先としてこの里親さんにお願いしていたところでした。やがてたくさんの通勤客がこの里親さんとの距離を隔てていき、すぐ声をかけることすらできない状況になりました。私は、その里親さんの背中が改札から消えていくまでずっと見送り、

「ありがとうございます。」と何度も心の中でつぶやきました。

私たちが里親さんと接する場面の多くは、児相内での面接や家庭訪問した際に子どもが穏やかに遊んでいるシーンが多いものです。私は「この里親さんは、朝早くからこの二人を起こし、朝食を食べさせて、これまで通っていた保育園に送りに行っていただいているんだ。そのためにこんなご苦労をしていただいていたんだ。」と改めてその日常に触れた気がしました。この里親さんに一時保護委託をした理由は、これまで登園していた保育園の友達と遊ぶことを途絶えさせたくない、ということでした。同じ区内の里親さんを選出したのですが、区内とはいえ里親宅からは少し距離のある保育園に電車に乗って送りに行く途中だったのでした。普段は見えない日常に触れ、心がとても温かくなった朝の出来事でした。

◇里親さんの迷い

ある日、里母さんから児相の里親担当に電話がかかってきました。「受託している中学生の女子が、里父のいうことを聞かないで困っています。里父が何度言っても聞かないので夫婦間でもめています。」との電話でした。急いで里親宅に向かうと、里母から「毎朝の洗面所の使い方がだらしなくて、このことが里父はとても我慢できず、受け入れられないと言っています。」ということでした。

こうしたささいなことが発端で、いろいろな生活場面で里子と里父がぎくしゃくした関係となり、怒鳴り声に発展している日々で、それを見ている里母はもう耐えられなくなっているとのことでした。

いくつか対処策を伝えてその日は所に戻ったも

のの、里父と里子の確執は修復することなく日々が経ち、ついに里母から「夫から『俺をとるか里子をとるかどっちか決断を』と言われて私の気持ちも限界になっています。」と連絡を受けました。児相としても難しい判断でしたが熟慮の末、この結果として、里子をこの家庭から引き上げることとなりました。

とても優しい性格の里父母さんであることには間違いがなく、一般の人から見たら何のことはないきっかけと思われるかもしれないですが、その過程に様々な何かボタンの掛け違いがあったのだろうと考えました。私たちは、子どもの最善の利益を守る専門機関ではありますが、虐待や不適切な養育など特別の事情がないかぎり、里親の養育姿勢を支援し、応援することも求められています。

里親側の「子どもの養育観」について、特に里父、里母と別々の面談を委託前に十分行い、二人の養育観をしっかり把握することの大切さをあらためて知った出来事でした。

◇苗字は二つ。どちらを使うか

里親制度は原則として18歳未満の児童を対象とした行政の措置制度です。前述したように里親制度の下では本来その児童が持っている苗字に変化はありません。このため子どもは里親宅での生活を始めるにあたり、里親宅の苗字を名乗るか、生来自分が持っている苗字を名のるか、ということを決めることが先ず必要となります。私の見聞きした経験上では、幼少期に委託された児童は里親宅の姓を名乗る（これを〝通称名〟と読んでいます）ことが多いですが、これとて一概に言えるものではありません。

幼少期から子ども本来の名前で養育し、自宅の表札にも本名を記した里親さんもいらっしゃいます。一方で幼い頃には生来の苗字を名乗ることとし「わが子同然に養育」することを選択する里親さんも多く、小学校・中学校等に進学した時など、周囲の児童や保護者から奇異に見られないようなタイミングで、児童が本来持っている苗字に変更里親さんもおられます。

その一方で、思春期を迎えたり本人に自尊心が芽生えるまで里親宅の苗字でとおし、「どこで苗字を切り替えればいいだろう」と悩む里親さんもいるのです。

養子縁組でよく使用される「真実告知」（定義はさまざまですが、ここでは出生と親子関係の事実を子ども本人に正しく伝えること、とします）では、二つの姓の使用についての悩みは発生しません。特に特別養子縁組では、子どものパーマネンシーの視点からも実親（子を産んだ親）との関係が法的に断絶され、養親の子どもとして戸籍にも掲載されるわけです。

児相関係者はこうした里親ならではの二つの名前を持つ中で養育している里親子の支援にも、向き合っているのです。

◇真実告知とやがて訪れる措置解除

里親さんが受託した児童が乳幼児であった場合は、いずれこの真実告知が必要となってきます。

真実告知（telling）は、小学校就学以前に行うことが望ましいと多くの養育者や学識経験者が語っています。真実告知は、決して一回限りのあらたまった場所や時間で行われる儀式ではなく、英語表記でも進行形となっているとおり、児童の理解力・成長に応じて繰り返して継続的に伝えていくものです。

たとえば「子どもと入浴中」に何気なくお話し

た里親さんもいれば、テレビドラマで里親子のシーンが出てきた際に「うちもおんなじなんだよ」とさらりと伝えた（しかし伝えた里親は心臓が飛び出すぐらい緊張）里親さんもいます。真実告知を初めて告げられる年齢は、高くなればなるほど、伝えられた児童の心のダメージは深くなります。

特別養子縁組であれば、真実を告知した後も「これからもずっと私の子どもだよ」と告げられますが、里親子の場合は、もう一つ、子どもに伝えるべきことが残っています。それは「原則、18歳での措置解除」がいつかは訪れるということです。

里親になじんでいた子どもにとっては、実は血縁関係のある父母ではなかったということを告げられた上に、この親子関係は告げられた子ども自身にとって18歳までの関係なんだ、と知った時の心の同様・葛藤を想像できるでしょうか。このため受託児童が荒れることを恐れて、真実告知や里親制度の年齢制限について言い出せず、高校生になってしまった子どもに「まだ真実告知できていないんです……」とうつむかれていた里親さんもいらっしゃいます。

里親支援にあたる児相職員や関係機関の役割がいかに重要かお分かりになるかと思います。

余談ですが、幼少期から学齢児にかけての期間に真実告知をする際、話を受ける児童にとっては「父母」という概念の理解がまちまちであるということは心にとめておいていただければと思います。「血縁関係」ということについても、大人の説明ほど子どもは理解していない（奥田・濱口２０１８）こともあるのです。

◇不倫でできた子？

ある里親さん宅を訪問していた時でした。「最近、腹がたったことがあったんですよ」と言われました。聞いてみると、「近所の肉屋さんに買い物に行った時、『隠し子がいたのか？』と言われたんです。」「もちろん、その肉屋の店主とは長い近所づきあいですから冗談でいっているのはわかりましたが、それでもねぇ……いやな気分でした」と語られました。乳児からの多くの特別養子縁組とは異なり、里親制度下では子どもが保育園年齢から小学生期に里親宅に委託されることが多いのです。

いわゆる中途養育となり、里親宅には突然の家族デビューとなることもしばしばです。このため、他の里親さんは「あの旦那さん、不倫していましたみたい。それで子どもを引き取ったようですよ」と、陰口を言われた里親さんもいるのです。里親制度についての一般社会への普及啓発はまだまだ、道半ばと言えます。

◇里親の心、PTA知らず

こんなつらい経験をした里親さんもいました。PTAの集まりが小学校であった時のことです。この小学校に受託児童のいる里親は用事があったので集会終了後すぐに自宅に戻っていきましたが、里親宅で暮らすT君は放課後、校庭で友達と遊んでいました。

その様子を遠くから見ていたのが会議終了後の保護者たちでした。いわゆる井戸端会議です。その中で、どうやらT君のうわさ話となり、遊んでいるT君が井戸端会議をしていたクラスの保護者達の輪の中に呼ばれたのです。

そして一人の保護者から「ねえねえ……T君のお母さんって本当のお母さんじゃないの？」と聞かれたのでした。T君はその場では「う～ん。」などと答えて、また遊びの輪の中に戻っていったのでした。

さて、この話ですが、里母はＰＴＡの集まりの後、先に自宅に帰っていたため、この会話のやりとりは全く知りません。しかしその後、里親宅に帰宅したＴ君が無邪気な表情で里母に、「今日学校の校庭で誰誰ちゃんのお母さんから『お母さんのこと、聞かれたよ〜』と、放課後にあったいきさつを笑顔で話したことから、ことの顛末がわかったのでした。

それを聞いた里母は、驚いて学校に問い合わせ、子どもからきいたことが事実だったとわかったのでした。里母は、子どもにはまだ真実告知をしていなかったのです。真実関係を話すタイミングや時期を里父とずっと考えていたのです。それが、面白半分に噂話に興じるＰＴＡから里子に伝わってしまったのです。この時の里親の心の傷はとても深かったのです。

里親制度への周囲の住民の理解を進めていくことがいかに大切なのか、こうした事例からもおわかりいただけると思います。

◇学校教員の理解も必要

里親制度のもとで暮らす子どもについて学校の先生方の理解も大変重要です。ある日里親さんから所に電話がかかってきた。「子どもがもう学校に行きたくない、と泣いている」という内容でした。

聞けば、学校での先生の配慮ない行動が原因とわかりました。学校で修学旅行にいくこととなり、万が一の事故に備えて保険証のコピーを生徒が学校に持参してきたのですが、クラスの生徒たちの保険証のコピーを集める際、学級担任の先生は、クラス委員の生徒にその回収役をまかせたのでした。里親のもとで暮らす子どもは前述の如く、苗字を二つ有しています。そして子ども自身、そのことを知りつつ、隠している場合もあります。

さて、席をまわりながら保険証のコピーを集めていたクラス委員が、里親のもとで暮らす児童の保険証の写しを受け取った時でした。その写しに書かれている名前をまじまじと見て「あれ？ おまえの名前（苗字）、いつも呼んでるのと違うじゃん!! 変なの～にせもの⁇」と笑い、クラスの生徒がどうしたどうしたと、その保険証のコピーを見に集まってしまったのでした。

この児童は日頃は里親宅の通称名を使用していたのです。クラス担任の教員の子どもへの配慮ない取り組みが里親のもとで暮らす子どもの心を深く傷つけてしまったのでした。からかわれたこの児童はその後、不登校となりました。

この事例に限らず、「学校教職員が里親制度について十分理解してくれていないので、児相から説明に来てもらいたい」と言われたこともあります。特に進級時等の担任教諭が変更となった際にしっかりと家庭事情が引き継がれていなくて問題が発生することが多かったです。

私はこうした里親子が傷つくようなことが起こらないようにと、教師にとどまらず小学生を対象とした講義をすることにも力を入れました。

特にS区内の小学校五年生のクラスで里親制度について話をする機会を得たときのことは、今でも忘れられません。小学生にも理解しやすいようにと里親制度について講義をした後、私は「もし、このクラスに里親のもとで暮らすお友達がいたら、どのように接してあげるのがいいと思いますか、紙に書いてください」という宿題を出しました。

正直、とても難しい質問を宿題にしてしまったと思いました。しかし、子どもたちの中から、「そうしたお友達にもふつうに接してあげるのがいいと思います。」旨の回答を書いてくる生徒が何人もいたのです。なかなか、大人でも出せない回答と思いました。

私は、講義中にざわつくこともなく真剣に話を聞き続けてくれたこのクラスには、いじめは皆無であることを確信しました。

◇いいところさがし

S里親さんとは、今でも交流を続けさせていただいている里親さんの一人です。Sさんは実に誠実な里親さんで、当時、児相からの委託児童は里父母さんのあたたかい愛情の中で育っていました。

里親宅にくる子どもにはさまざまな成育歴があり、少なからぬ孤独感や寂しさを背負ってやってきます。この里親Sさんは、こうした里子たちをいつ預かる時も、「お帰り」といって迎え入れてきた里親さんです。そして里親宅が第二の家庭であり、安心できる場所であることを日常の行動の中で示し続けられ、子どもとの日々を詩に綴られ、本としても出版されている里親さんです。

この里親宅の信条の一つが「いいところさがし」でした。子どもが里親の下で暮らしている中では、どの家庭とも同じように、日々楽しいことばかりが訪れるわけではありません。時にはいやなことやつらいこともあるのが普通です。そんな中でこのS里親さんは夕食後の一日の終わりに「この一日の中で何かいいことを思い出してそれを話あう」、という機会を大切にされていました。

得てして不平・不満なことのほうが多い日々かもしれませんが、こうしたコミュニケーションが里親のもとで暮らす子どもたちの日々のあたたかい暮らしにつながっていると思いました。

◇里親普及キャンペーンのチラシは受け取ってもらえない？

里親制度の普及啓発活動を行う際、理解促進のためのリーフレット等をいかに通行人の方々に受け取っていただくか、が一つのカギを握っていま す。児相職員の中には、街中で大声を出してチラシを配ることすら経験したことがない職員も多いかもしれません。ましてや里親制度の普及啓発の分野では当時このような機会はほとんど区内ではなかった時代です（今では考えられませんが）。通行人にチラシ一つ手渡そうとしても、興味すら示してもらえないのです。運よく受け取っていただいたと思ったら、配布した私のすぐ近くのごみ箱に、付属のティッシュペーパーだけをバックにいれ、チラシを捨てているシーンも何度も見ました。

当時、東京都ではティッシュペーパー等が予算化されていましたが、それとて十分な効果的はなかったと思います。そこで私は、とにかく先ずチラシを受け取ってもらうための「無料の配布グッズ」の確保に奔走したのでした。

そんな時、街で出会ったのが児童相談所の所管区域のOU区内の駅前で配布されていたお茶の無料パッケージでした。その日私はOU区内で開催される会議に向かうため、駅の階段を下っていました。その時、私にお茶の無料試飲パッケージが配布されたのですが、この無料配布パッケージを手にとった瞬間にひらめいたキャッチフレーズがあったのです。それが「お茶を飲んでほっとファミリー」です。（「ほっとファミリー」とは、東京都の里親家庭の愛称です。）この時、私はこのお茶のパッケージに、東京都のキャッチフレーズを張り付けて配布することを考えたのです。

もちろん、このお茶のパッケージ業者と都庁所管部署との許可を経てです。お茶のパッケージは縦横10㎝大の正方形の包装で、受け取る側へのインパクトも大きく、この包装に東京都の里親キャンペーンのキャッチフレーズを載せるには十分なスペースがあると思ったのです。私はこのパッケージを「3000個、無料で確保したい」と業者と交渉の末、了解を得ました。

「ほっとファミリー」キャンペーンののぼり旗

さて、問題はここからです。このパッケージにS児相のキャンペーン用語「お茶をのんでほっとファミリー」というキャッチコピーをいかにして入れるか、でした。結論は、PCで独自に作成し、1枚1枚、貼り付けていく、ということでした。

都のS児相の連絡先とともに、所管区の子家センの連絡先も記載したものを作成し、時間の空いた時に里親担当の職員と一緒に手作業で3千枚、貼り付けました。

このことに限らず、S児相独自のキャンペーン用のグッズ確保に私はあちこち走りまわりましたが、企業の中には、「児童虐待防止や里親制度普及に使用されるのは企業イメージにあわないからお断りする」と、はっきりNOと言われた大手企業も残念ながらありました。企業は収益を上げることが目的の一つです。WinWinの関係でなければば承諾は得られないという苦い経験のことも踏まえて当時、無料で粗品の提供をしていただいた会社には今でも感謝しています。

◇同性カップルが里親申請に来所

私が児相Cで勤務していた平成26年のある日、里親として女性二人が登録を希望してきました。里親担当が面談したところ、「女性二人でも登録できるか」という相談でした。養育家庭への東京都の里親認定基準は当時、以下のようになっていました。

①心身ともに健全なこと
②児童の養育についての理解並びに児童に対する豊かな愛情を有していること
③児童の養育に関し、虐待等の問題がないと認められること
④世帯の収入が生活保護基準を原則として上回っていること。
⑤委託児童との養子縁組を目的としないものであること
⑥里親申込者のうち、主たる養育者となるものの年齢は原則として25歳以上65歳未満であること
⑦里親申込者は配偶者がいない場合には、次のすべての条件を満たしていること。
ア　児童養育の経験があること、または保健師、看護師、保育士等の資格を有していること。
イ　起居を共にし、主たる養育者の補助者として子どもの養育にかかわることができる20歳以上の子または父母等がいること
⑧住居の広さは、原則として居室が2室十畳以上あること等々です。

この条件下では家族として同性の疑似夫婦??を

排除できるわけではないことがおわかりできるでしょうか。私たちは、協議を重ねた末、「認定のために児童福祉審議会に諮ってもよい」という判断を下しました。このことについて異論のある方も当時、多かったのを覚えています。

児相の会議では、「家族をどう考えているのだ！」「ありえないだろう！」等々の意見もありました。しかし、たとえば父親（内縁男性含む）から性的虐待を受けた中学生女児など、男性に極端な恐怖心を抱き、そのトラウマからいまだ脱却できかねている児童も当時からいたのです。

私は、里親として登録要件をはずしていない以上、登録を排除できないし、こうした里親宅で暮らすことで安心できる児童もいるのではないか、という信念で認定の諮問をおこなうこととしました。結果的に私が同児相に在職している間はこのカップルに委託できる児童は出てこなかったのですが、その数年後、「大阪市が同性カップルにはじめて里子受託」と大々的に新聞報道されたことを知りました。新聞では「里親登録も初めてのこと」、と書かれていました。が、少なくとも登録の一番は児相Cであり、こうした同性カップルの登録に前向きになれたのも、里親担当A児福司の時代を先読みした判断力と実行力によるものが大きかったのです。

◇都内離島の大災害を乗り越えてくれた里親さんたち

児相Cの管轄区域は都内中心部の9特別区にとどまらず、大島・八丈島から小笠原諸島までの島しょ地域も管轄となっていました。私も都内の各島（船酔いが激しい私ですので小笠原だけは行けませんでした）に高速艇や飛行機に乗り、要保護児童対策地域協議会に出向いていき、その折に私は必ず、各島にいる里親さん宅に立ち寄ることとしていました。

どの島にもお世話になった里親さんがおられ、思い出は尽きませんが、ここではある島の里親さんとの思い出について触れてみたいと思います。

平成25年（２０１３年）10月11日、マリアナ諸島付近で台風26号が発生しました。この台風は16日未明に強い勢力を維持したままこの島に最も接近し、島では、１時間に１２２・５㎜の猛烈な雨が降り、24時間降水量では、８２４・０㎜を記録したのです。これは当時の観測史上一位の値を更新し、８２４㎜という値は、島の10月の平年の降水量（３２９㎜）の約2・5倍にあたるものでした（同島の記録より抜粋加工）。

この災害により、当時児相Ｃと緊密な業務連携をとっていた島の子家セン職員の自宅が流されてしまったことも、テレビで放映されていました。

こうした中で島で生活する親子にも大きな影を落とす事件が発生したのです。親をこの災害でなくしてしまった児童が出現したのです。

このためこの児童を、一旦は都内にある児相で緊急一時保護することとなりました。やがて災害から二週間ほど経った後、私は災害後の島の町長への慰問を兼ねて町役場を訪問しました。乗船した高速艇には、自衛隊員が１００人以上乗船し、まだ災害救助が続いている、というものものしい雰囲気であったことを覚えています。島に到着後、準備していただいた車の中から、樹木が滑り落ち、土色があらわに見える山肌や、倒壊した家屋の数々を息をこらしながら見つめつつ、災害対策本部が置かれている町役場に向かいました。

到着した役場内は騒然としており、玄関近くに大きく張られた被災マップには、被害をうけた家庭が小さな赤丸シールで掲示されており、その数

写真は八丈島の群青の海とのどかな空。島しょ巡回の折に立ち寄らせていただきました。（著者撮影）

は100を超えていました。役場でのお見舞いを終えて、私は児相Cで一時保護をしている児童の件について、島の里親宅を訪問しました。実は児相Cで保護されている児童は、この後、どうするかと尋ねた児福司の質問に「これからも島で暮らし続け島の高校に進学したい。」という希望を持っていたからです。

島には本児を受け入れる児童養護施設はありません。そこで児相Cは島内の里親さんへの委託を検討することとしたのでした。すでに児相CのA里親担当等が候補となるSさん宅に家庭訪問を先日終えており、「この方で良いと思います」という調査評価を私に伝えてくれていました。そのような前情報をもってその里親宅にも向かったのです。

お会いしたS里親さんはとても温和な方で、この方ならまかせられる、と私も思いました。

また、島にはもうひと家庭、この他にもK里親さんがおられました。なかでもKさん宅では東京都内では、当時発達にやや特徴があり、集団に入るのが困難と評価されていた小学生を、のびのびとした環境の中で養育していただいていたのです。

S里親宅の訪問後、私はこのKさん宅も訪問。Kさん宅では委託した児童がこの災害の際には土砂の片づけなど、本人なりにできることを地域のお年寄り家庭で行い、感謝されているという話も聞くことができました。その後震災で保護者を亡くした児童を養育していただいたS里親宅では、受託したどもの養育についてさまざまなことで悩まれることもあったと聞いています。子ども故の心の傷も深く、災害のフラッシュバックや特異な行動には随分、S里親さんも悩まれたと後で聞いたのです。それでもその都度、辛抱強く支えていただき、また同じ島内のこのK里親さんも、Sさんが疲弊してしまった際の一時預かりを担うなどの協力をしていただぎ、まさに島を挙げての家庭養護の連携で子どもを育てていただいたこととなりました。

結果としてS里親宅に委託した児童は多くの苦難を里親さんとともに乗り越え、立派に島の高校を卒業しました。もちろん里親担当の職員たちも幾度となく、島を訪問し、一緒になって悩み、解決策を考えていきました。

その後、私は高校卒業まで養育していただいたS里親さん、そして協力関係にあったK里親さんが里親更新時研修で上京された折、心から御礼を伝えたのでした。

こうした里親さんに常に寄り添い、今日も各島々に出向き、巡回訪問指導にあたっている児相Cの全ての里親担当各職員の真摯な日々の取り組みに今でも深く感謝しているのです。

◇小学校には行かせませんから!

「この子は地元の小学校には行かせませんから!」そう里母に言われたのでどうしたものかと私のもとに里親担当が相談に来ました。聞けば、先ず転校する学校から「里子の立場の児童がはじめて入ってくるということで、学校としてもどのように対応したらよいのか全く分からない」と言われたということでした。

里母からの学校への里親制度説明では教職員に理解してもらえず、その後、児相から学校に出向いて説明をしてもらえないか、と言われました。学校側には、転校してくる児童の情報は里親の知る範囲でしかなく、里親に対して児相も高度な個人情報（実親の離婚歴等）は提供していません。

このため転校に伴い里親から学校に提供できる情報には限りがあるのでした。学校教育法では里親は「保護者」でないため、学校側としては子どもの情報をもっと欲しいというのもわからなくはないわけで、私が学校に出向いて里親制度から説明することになりました。

学校長と面談し、制度説明から該当する里親子について説明をし、「何かあったらすぐに児相が対応すると約束してほしい」という学校長の要望を受けて転校となりました。その後、なんの問題も発生しなかったことはいうまでもありません。教育関係者への精度理解の必要性をあらためて痛感したエピソードでした。

この事例とは少し異なりますが、里親さんに子どもを委託した後、里親さんから「この子は今、小学校（地域の公立小学校）に通学できる心身状況の子ではない」と言われて、登校させない状況の里親子家庭もいくつか経験しました。

小・中学校のいわゆる公教育を受けさせないことは、子どもの最善の利益から見ると重大な問題であり、困り果てました。里親担当とともに私も里親家庭を訪問し、状況の確認を行うことも何家庭かありました。家庭訪問でわかったことは、里親さんは里親さんなりに「子どもの最善の利益」

について考えての対応であるということでした。

しかし、それでも看過はできません。ある里親さんは当該児童のために「私塾のようなところに通わせています」、と語りました。この時は、その私塾に実際に私も出向き、その私塾の中で子どもがどのように過ごしているか、学習をしている様子を何時間も見ながら調査もしました。熟慮の上の熟慮を重ねた結果、子ども自身が「学校には行けない」と訴えている状況に心理職の分析も依頼した上で、私はこの里親家庭の方針をこのケースは認めました。

結果としてこの里親さんは後日、児相側の考えについても十分、理解を示していただき、中学校に上がる時には地元の公立学校に行けるまで子どもの心身状況の回復に尽力していただけました。こうした場合、多くのケースでは里親宅からいったん引き上げ一時保護を行うこともあるのですが、

里親さんの深い愛情の下で子どもが育っているということの確認と児相の方針への理解で、子どもが不登校状態から回復することを経験した例外的なエピソードとなりました。

ちょっと一息

大きな変革の中にある特別養子縁組制度と児童相談所の関わり

平成28年の法改正を受けた「新しい社会的養育ビジョン」は、これまでの家庭養護の取組について改めて期限と目標値を示した力強いものとなりました。家庭養護に養子縁組が明記されたこともその一つです。東京都でもフォスタリング事業の導入が始まります。新たに都内に児童相談所を設置する各特別区では、このフォスタリング事業とどう向き合うのか、それは都内だけでなく他県自治体等にあっても模索が続いています。

特別養子縁組とは、実方との血族との親族関係を終了する縁組(民法817条の2第1項)のことです。里親制度とは異なり、配偶者のある者である条件があります(民法817条の3第2項)。特別養子縁組を成立させるにあたっては、まず、養親になりたい人が、養子になる子どもを6か月以上監護して、様子を見ることになっています（民法８１７条の８第１項)。この期間を一般的に「試験養育期間」と呼んでいます。これまで都内のほとんどの児童相談所では、都児相に登録された養子縁組里親さんへの支援を中心に、この組成立までの試験養育期間を支援してきたのです。(民間事業者に登録した家庭については「児童福祉司指導」措置として、縁組が成立するまでの間、対応。)これが今後、どのようにかかわっていくようなしくみにしていくかも問われています。さらに、特別養子縁組成立にあたっての上限年齢がこれまでの6歳未満から原則15歳未満に引き上げられたこと、そして養子縁組成立までの児相はじめ民間事業者の実親の同意確認への二段階方式の導入は、これまで同制度のもとで子どもを養育する養親候補の方々が家裁の審判が下るまでの間に「実親が同意を翻したらどうしよう」という不安や、児相が実親と連絡が取れず二の足を踏んでいた養子縁組成立に至る業

(←次ページへ続く)

ちょっと一息（続き）

務にも児童の最善の利益を果たす上で「児童相談所長も特別養子縁組についての申し立てが可能」になりました。また令和3年1月現在、児童相談所運営指針の改正をふまえ、都の児相は縁組成立後少なくとも6か月間は児童福祉司指導(指導委託)措置により、養親への指導を行うこととなりました。

〈これまでの特別養子縁組成立までの大まかな流れ〉

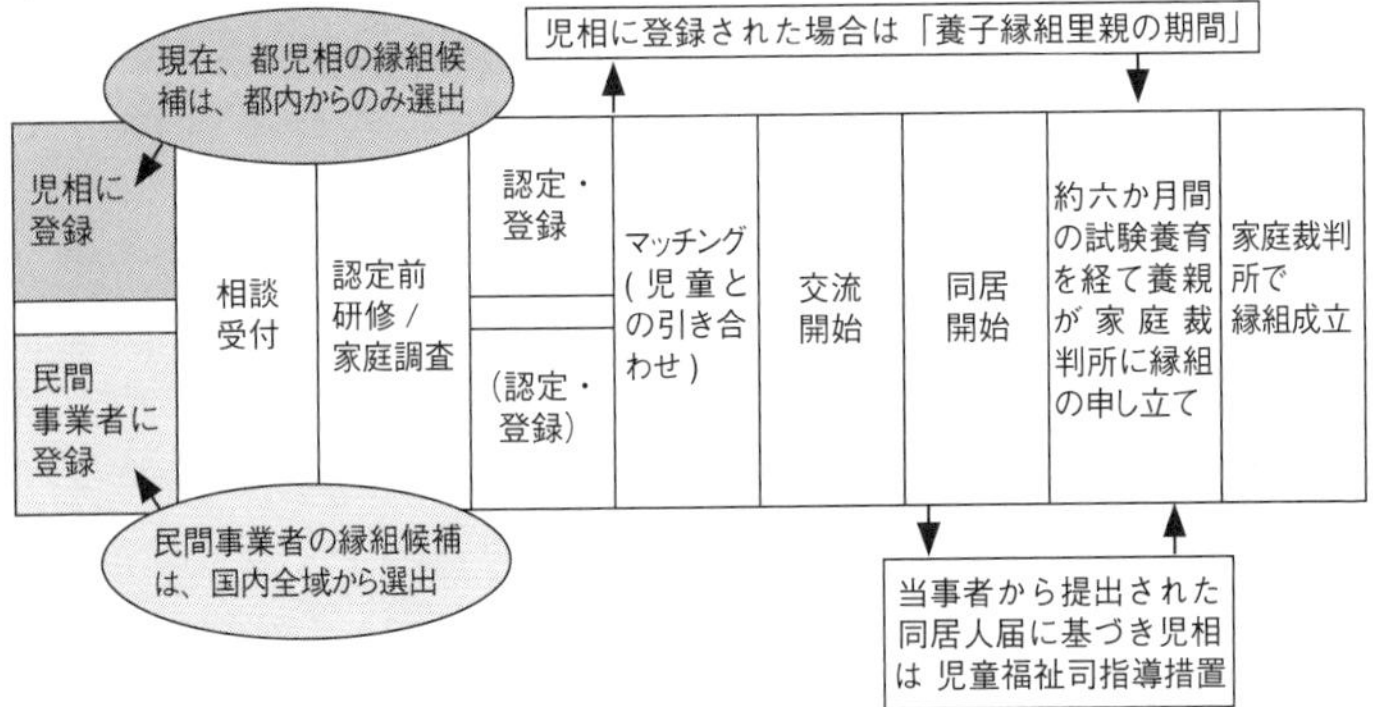

〈児童相談所の特別養子縁組成立への関与にかかる2段階審査導入の概要〉

特別養子縁組の成立の審判を申し立てることができるのは、養親希望者だけでしたが、今般の民法 改正等では、子どもの最善の利益を考慮する観点からも児童相談所長に対して申立権・参加権が付与 されたのです。

第一段階

◎児童相談所長として、
まず、「この児童は特別養子縁組が適切な児童である」という特別養子適格の確認 の審判申し立てに関与する(改正児童福祉法第 33 条の 6 の 2,3) 方法が新設。
◎家裁では、申し立てを受けて実親の同意の有無確認をする。
→実親がこの段階で同意した場合、二週間後には同意撤回不可能となる

第二段階

◎児童相談所が選定した特定の里親と当該児童が養子縁組として適当かどうかを審理(養親子適合性要件)。
この段階では実親の関与はもうない。

第5章

これがフォスタリング事業

この章では、これまで家庭養護の取組に直接関与したことがない方にとって理解することがむずかしいフォスタリング事業について、近年、都児相との里親支援で最も歴史がある二葉乳児院の取組みを例にあげながら話を進めたいと思います。執筆は二葉乳児院の長田副院長にお願いしました。文中には、私が本文で触れた内容もあり、児相側とフォスタリング事業者側それぞれの見方の違い、感じ方の違いについても違いがあるところがあるかもしれませんが、長田副院長の記載された内容をほぼそのまま掲載させていただいています。

1

はじめに

はじめて、著者奥田先生（現・明星大学特任教授 以下、先生）にお会いしたのは、私が東京都里親支援機関事業モデル事業を担当して3年目のことでした。先生が、私が机を置いていた東京都児童相談センターの相談援助課課長として着任されたときです。着任してすぐに管内の里親さんに会いたいと時間を見つけては、里親さんたちと出会う機会を惜しまず作り出されていました。また、土日の里親さんたちの相互交流などのイベント時にも出席されていたのを覚えています。

それまでも「里親さんのことを想ってくれる課長・所長」は多く、多忙を極める児童相談所業務をまとめるなかでも、「里親家庭」を大切にしようとするスタンスはすごいなと感じていました。でもそれ以上に、先生は里親さんに触れ、知りたいと感じている方という印象をもっていました。

当時（平成23年）、それまで都内1名であった里親支援機関事業の担当者が3名となり、3つの児童相談所にそれぞれ1名ずつ事業所の異なる職員が席を置いた年度でした。業務内容については、毎年度事業内容が見直され、手探りで作り出しているような状況でした。

そのため、児童相談所とともに何ができるのか、いい意味での児童相談所の里親担当職員との差別化をどう図れば、里親さんと子どもにとってよりよい形になるのかを考え、形にしていく時期でもありました。だからこそ、先生が課長として着任されたことは、当時の私にとっては、心強かったように記憶しています。

そういった経緯もあり、今回の執筆について、うれしく、そして恩返しのように考えたのかもしれません。ただし、それだけではなく、一見対立的にもなりそうな当時の行政側の里親支援と、民間事業者が一緒に開拓を始めた里親支援のことを一緒に語る場となればと思ったからです。それぞれの立場から、それぞれに何が見えていて、どう歩み寄り、どう調整し、融合するように作り込もうと考えていたのかを読者に読み取ってもらえたらと感じています。この事業に関する変遷は、きっと、どの地域でも課題となっているものではないでしょうか。

現在13年目となる取り組みを通して、どのように東京都の里親支援機関事業が紡ぎあげられてきたのか、また、課題は何だったのかを振り返ることで、これからの東京都の取り組みにも少なからず活かされてほしいと考えています。また、他地域のこれからのフォスタリング機関事業にとっても、ヒントになればと思います。なお、文中にはエピソードも紹介していますが、掲載にあたっては当事者の了解を得ていることを付記しておきます。

2

二葉乳児院について

(1) 二葉乳児院の設立とその理念

二葉保育園は、1900（明治33）年に野口幽香と森島美根によって設立されました。キリスト信者であった二人は、貧しく放置されている子どもたちを見過ごすことができず、貧民のための二葉幼稚園を新宿麹町の借家で、子ども6人から始めました。120年を超えるこの間、幼稚園を保育園に、母子寮、小学部、乳児院等さまざまな子どもにかかわる事業を展開してきました。

社会福祉法人二葉保育園二葉乳児院の写真

二葉乳児院は、1948年（昭和23）の児童福祉法施行に伴って開設されています。現在、定員40名の0歳から概ね3から4歳まで、最大就学前までの子どもたちの入所施設となっています。同法人内に、児童養護施設2か所、認可保育園2か所、乳児院併設の地域子育て支援センター、児童養護施設併設の事業型ファミリーホーム、自立援助ホームを有した、児童に特化した取り組みを続けている社会福祉法人です。

当院は、①入所施設、②地域子育て支援センター、③子どもと里親家庭という三つの支援を柱とし、「children first」を理念として運営しています。

この三つについて今少し述べておきます。①については、お子さんを安心安全な環境のもとで一定期間お預かりしながら、そのご家族と子どもにとっての健やかな成長を共に考えていく「入所施設機能」で、②は妊娠中からの子育て支援、虐待予防を含む地域の子育て家庭を支える「地域子育て支援センター」の役割、そして、③は、里親家庭および養子縁組成立後家庭のご家族と子ども、里親を希望して登録される方々に対する支援や里親制度の普及啓発等里親家庭支援を行う「二葉・子どもと里親サポートステーション」という業務になります。①から③はどの部署も関連が深く、重層的に連携を行いながら、子どもと家庭の支援に取り組んでいます。

現在でも、乳児院開設当初からの子どもの記録を保管しており、当時の乳児院での養育の様子や家族支援の詳細を知ることができます。時には、以前入所していた方々、子どもからなかには60歳を超える大人の方までが、自分自身のルーツを探して訪れられることもあります。そういった場合でも、できる限りの資料を確認し、ご本人が何を知りたいのか、訪れられた理由や想いを聴きながら私たちにできることを対応させていただいています。

(2) 二葉乳児院の東京都での里親支援の歴史

東京都が民間団体と連携をしながら、里親養育支援を行ってきた歴史は実はとても長いです。特に、昭和48年4月から平成14年3月まで開設されていた「養育家庭センター」と言われる、９つの施設に併設された里親家庭への支援センターの頃の里親支援内容を評価される里親さんは多いのではないでしょうか。

しかし、現在はそのころの記憶を持っている里親さんはだいぶ減ってきており、知らない里親さんの方が多くなりました。でも、「丁寧にみてもらえた」「夜でもかけつけてくれた」というエピソードを大切に語ってくれる里親さんの存在はありがたく、多くの場面で私たちの取り組みを支えて下さっています。

二葉乳児院は、そんな東京都の９番目の養育家庭センターとして、１９８９（昭和61）年に都内乳児院唯一の養育家庭センターを開設しました。以降２００２（平成14）年まで、他の養育家庭センターおよび児童相談所と連携して里親家庭と子どもの支援にあたっていました。前二葉乳児院施設長の鈴木祐子先生は、施設長になる前まで、養育家庭センターのワーカーの一人でした。

私が、二葉乳児院に入職したころには、ワーカーであった職員が、他の業務にあたりながらも、「里親さんと子どもに何ができるのか」をまだまだ考えだそうとしていて、いくつもの助成金を申請しながら里親さんと子どもの居場所づくりをしていました。

２００２（平成14）年、「発展的解消」という形で、養育家庭センター業務は児童相談所に新たにできた里親支援の部署に移行します。その経過理由について、都市伝説のようにさまざまなエピソードが語られることはありますが、結局なぜ「解消」という形となったのかは、私のなかで明確ではありません。おそらく地域ごとの状況や、児童相談所の新たな機能と施設との連携の形を考えるなかでの結果だったのかもしれません。ただ、この「発展的解消」は、その後の、里親さんたちの想いにも、東京都里親支援機関事業にも大きく影響することとなりました。

私が二葉乳児院に入職したのは、2005（平成17）年のことです。当時院長であった鈴木祐子先生は、採用面接の際に、「里親さんへの委託が増えれば、乳児院は必要なくなると思うかしら？」と質問されたことを覚えています。どちらが良いという議論や結論ではなく、それぞれの強みを支えあうようにしながら、一緒に子どもを支えていく必要性について問われたように感じていました。

まだそのころにも、二葉乳児院には、里親家庭を満年齢措置解除となり自立したもののうまくいかず、一時的に院長が私的にお金を貸していた青年が、毎月返済という理由で乳児院に来院していました。彼が来る日は、院長やワーカーであった職員が、お菓子をいくつか手に取り、やってくるのを心待ちにしていました。「少しでも返済をしていく」ということを支えるだけでなく、毎月元気な様子を見せにきてくれることが目的のようでした。「健康なのか、困っていることはないのか、どんな支えを必要としているのか。」たわいもない話を通して、丁寧に成長を応援している様子が見て取れました。

〝children first〟という乳児院の理念は、入所している乳幼児期の子どもだけでなく、それ以降の子どもの成長も家族も含めて、「子どもを第一に」「子どもをまんなかに」支えていくこれからずっとを指しているのだと感じたのを記憶しています。今の二葉乳児院の里親支援の考えにも途切れることなく引き継がれている考え方でもあります。

3 二葉乳児院の事業への取り組みについて

(1) 東京都里親支援機関事業への取り組み

養育家庭センターを終えた後、二葉乳児院は、平成17年に東京都から「家庭的養護推進モデル事業」を受託します。未委託家庭を主に対象とした研修の企画運営でした。その担当職員として、私が二葉乳児院に入職することになりました。未委託の里親家庭に対しては、「プレ子育て学習会」という連続講座を実施しました。委託中の里親家庭には、「様々な経験をしてきた子どもの養育」など複数の研修企画を行ないました。

その後、平成20年度、厚生労働省が里親支援機関事業を開始します。これは、当時、行政主導であった里親家庭支援を、民間団体への委託可能とし、幅広い柔軟な支援と連携を可能としました。しかし、行政および児童相談所が行う支援を民間団体にどう委託し、連携すればいいかわからないという自治体も多く、事業開始当初は、全国的にも民間団体との連携を躊躇する様子が伺えました。

そういったなか、東京都も例外ではなかったのではないでしょうか。しかし、東京都は、「東京都里親支援機関事業モデル事業」として、民間団体への委託を決定します。これに伴い二葉乳児院は、平成20年度（平成21年2月）、①里親委託等推進委員会の運営事務、②相互交流事業（研修や交流イベントの企画・運営）、③養育体験、④里

〈東京都里親支援機関事業のこれまで〉

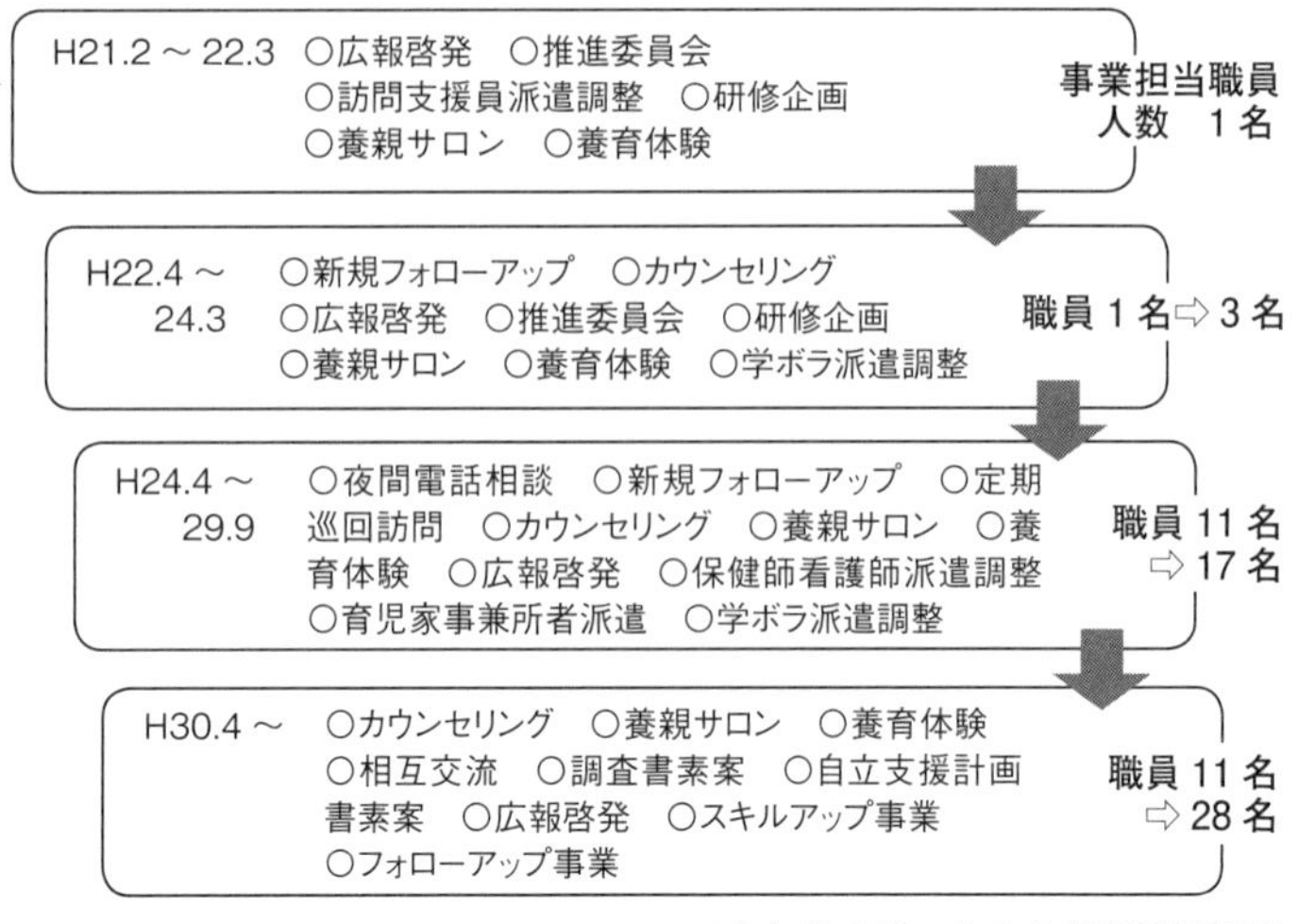

親制度普及啓発、⑤養子縁組里親および養子縁組成立後家庭への相互交流等業務を受託し、里親委託等推進員1名を配置、東京都児童相談センター相談処遇課内にて机を置き、事業を担当することになりました。

平成23年には、都内3か所の児童相談所に対して、3つの事業者がそれぞれ1名ずつ職員を配置して事業を実施しました。

平成24年には、都内11か所の児童相談所に、4つの事業者が分担して受託することとなります。その後、現在は二葉乳児院・一般社団法人東京公認心理師協会（旧東京臨床心理士会）・NPO法人キーアセットの3つの事業者が東京都児童相談所管轄地域を担当しています。

二葉乳児院は、平成24年より、4つの東京都児童相談所（児童相談センター・北・江東（前・墨田）・足立）を担当し、都内17区および島しょ地域を管轄として事業にあたることとなりました。

同年、乳児院および児童養護施設に里親支援専門相談員の配置が可能となりました。この年度以降、毎年のように制度が変遷し、里親支援にかかわる専門職員が増え、各関係機関職員と里親家庭との連携と情報共有の在り方が課題となりました。

(2) 東京都の里親支援機関事業の内容

それでは次に事業の内容について具体的に述べていきたいと思います。

①里親委託等推進委員会の運営事務

児童相談所が設置する里親委託等推進委員会の企画運営および事務を担当。児童相談所、学識経験者、里親、施設等里親支援関係機関が委員となり、広報啓発および委託推進に関わる様々な角度からの検討を行います。自由度の高いこの委員会は、運営する側の想い一つで、具体的に目標が定められ関係機関職員がそれぞれの視点でその課題について深く取り組むことも、形骸化することもできます。そのため、事務局を担う支援機関事業職員は、どうテーマを絞り、年間の目標を立てながら、「子どもと里親家庭に必要な取り組み」を提案できるかを模索します。

②相互交流事業

研修や交流イベントの企画・運営。ニーズに合わせながらの企画を検討。外出企画や、親子、子どものみの宿泊キャンプなどプログラムを実施しています。全ての里親家庭が対象となるような企画設定をします。また、養子縁組成立後家庭の子どもと家族を対象とした企画も行っています。

特に、特別養子縁組成立後家庭の子どもを対象とした、「子どもキャンプ」では、子どもの想い、気持ちの共有・整理、そして一緒に時間を過ごす場の提供を行っています。子どもとご家族にとって何か一つ、「参加してよかった」「一歩前に、みんなと一緒に進めた」と感じられる企画になるといいなと感じています。また、様々な企画を通して里親さんと子どもと一緒に過ごす時間は、私たちスタッフにとって、何よりも代えがたい学びの時間でもあります。

③養育体験

施設等で、半日または1日の実習型プログラムを通して、社会的養護のもとで生活する子どもたちを知り、また、施設職員との話等により、受託後の生活イメージを持ってもらうための体験実習を企画します。

当初、子育て経験のない里親さんや、子どもの生活、施設での取り組みを知ってもらう企画として考えていました。里親さん自身の子育て感の振り返りをすることもできます。一方で、施設職員が、里親さんを知る機会にもなっています。

④里親制度普及啓発

里親制度を広く知ってもらうことと、里親になってもらうことの二つを柱にして、広報啓発に取り組みます。地域のイベント時の広報物配布や、里親相談会、学校等への無料出前講座などを企画します。また、平成30（２０１８）年10月より、東京都里親支援機関事業が運営するホームページ

子どもと里親の暮らしを知るサイト
Tokyo里親ナビ
メニュー
お問い合わせ
家庭という居場所
子どもが、里父と続けている交換日記。その名は、「ぼうけん手帳」

東京都里親支援機関事業普及啓発用ホームページ；Tokyo里親ナビより

「Tokyo 里親ナビ」を開設し、里親さんの体験談「里親 story」や、里親相談会などの普及啓発に関わる記事を掲載しています。

大切にしていることは、里親さんの日常が伝わるようにしたいというところでした。「何気ない毎日」が子どもたちにとって大切で、その毎日を一緒に丁寧に過ごすということが里親さんだということが伝わるものになればいいなと思っています。

⑤相談支援事業

定期巡回訪問（委託家庭に対する年2回以上の訪問）や新規フォローアップ訪問（委託となるための長期外泊以降半年間定期的に行う訪問）。課題が生じた場合に集中的な訪問等相談、委託解除後フォロー訪問を行うカウンセリング事業があります。（平成30年より定期巡回訪問および新規フォローアップ訪問は里親支援専門相談員に業務が移行）

「定期的に訪問する」ということに、当初は抵抗を感じられた里親さんもいました。「何もしてくれなかったのに、今更何をしにくるのか」「あなたに相談することはない」と話された里親さんもいました。それでも、短時間でも顔を合わせ、声を聴くことで、私たちがまだ知らない、気付いていないかもしれない里親さんの想いを一つでも拾えるように、受け取れるようにと思って訪問を重ねました。私たちスタッフにとっては、受け取った言葉の数々は、大きな経験となり、宝物でもあります。

⑥未委託家庭支援

未委託家庭に対して、年1回程度児童相談所職員と訪問を行い、家庭状況の把握および、里親さんの現在のニーズの把握に努めます。また、場合によっては、その家庭に応じた研修等を案内するなどの支援を行います。

未委託である里親さんの時間の速度と、職員側の速度が異なると感じることがあります。里親になろうと希望して登録した後、紹介も出会う機会もないまま「待つ」ことがとても苦しくなることもあります。「何を頑張れば、何をすればいいのか」と聞いてこられた方もいました。

子どもの紹介は、子どものニーズに合わせて里親さんとのマッチングを行います。様々なニーズを持つ子どもとの出会いは、「ご縁」のように感じることもあります。だとしても、里親になろう、子どもを育てようと決心したご家族の想いを大切にしておきたいと思います。もし、子どもとの出会いがある前にもう少し理解してもらいたいこと、知っておいてほしいこと、子どもが来た時に配慮が必要となることがあれば、未委託の間に研修や職員の訪問等の機会を通して、私たちが伝えたいことを丁寧に伝えていけたらと思います。

⑦一時保護委託時支援

里親家庭に一時保護を委託した場合に、委託期間中の手続きや、一時保護ならではの配慮等の説明を行います。また、一時保護は事前交流等がほぼない場合が多く、急きょ委託となることも少なくないため、里親家庭の不安軽減などの相談援助を行います。

⑧調査書および自立支援計画素案作成

新規里親認定前、更新時の調査書の素案作成や委託児童に対する自立支援計画書の素案作成を行います。里親認定に関わる書類作成に携わることで家庭状況を把握し、里親への研修プログラムの紹介、児童相談所に対して児童の里親委託に関わるマッチング意見などが可能となります。また、自立支援計画書の素案作成のために家庭状況把握に努め、子ども自身のニーズ把握を行える機会を得ることができます。

調査書や自立支援計画書素案作成は、フォスタリング業務の要とも言える業務だと思っています。里親支援の中心となる職員が担当することで、その家族を知り、的確なマッチングを行うことができます。

また、委託中の子どものニーズや想いを把握し、里親家庭全体の強みを知ることができます。この要をどの職種が、そして誰が行うかで、大きく支援の根っこの太さが変わってくるように感じています。

⑨スキルアップ研修事業

主に未委託の里親家庭（養育里親、養子縁組里親）を対象とし、個々の家庭のニーズや必要性に応じた研修をパーソナルプログラムとして作成し、集合研修、実習、個別訪問型研修などを行います。修了後は、児童相談所へフィードバックを行い、マッチング等のアセスメントの一つとして参考資料としてもらいます。

里親さんがもっと学びたいこと、知りたいことを個々のプログラムとして作成することができます。また、児童相談所等が、「ここを知っておいてほしい。」「ここを確認しておきたい」というところをプログラムに組み込むことが可能となります。

⑩フォローアップ研修事業（平成29年度より受託）

都内に登録している全ての里親家庭に対して、年間13～15講座程度のテーマ別の研修を企画運営。座学だけでなく、ロールプレイなど参加型の企画を多く取り入れ、連続講座なども実施しています。東京都の里親登録更新時の研修の読み換えも可能となっているため、里親の興味やニーズに合った研修が受講できるように工夫することが可能となっています。

⑪自立支援事業（令和2年度より受託）

里親家庭に委託中の中学生以上の子どもと里親

家庭、措置解除後10年程度の間の見守り支援を行います。委託中には、子ども自身の振り返りや、進学や就職のこと、自立に向けた生活に関するシュミレーションなどを子どもと里親とともに行います。

これまで東京都の里親支援機関事業では、委託解除後の子どもの支援を行う職員がいませんでした。その部分に触れることができるという意味でとても大切な事業であると思います。

このように、民間団体が里親支援機関事業やフォスタリング機関事業を受託し、里親家庭のリクルートから里親登録、未委託家庭支援、子どもとのマッチングから交流・委託後支援に至るまでの包括的な支援を事業のなかで見通すことが可能となり始めています。こういった包括的な支援を行政と連携しながら取り組むことで、児童相談所との連携方法や役割分担を整理することができていることが、東京都の支援機関事業の強みであり、私たち二葉乳児院の里親支援チームのスキル向上につながっています。

(3) 東京都のチーム養育体制から見えるもの

平成29年度後半より、東京都は「チーム養育」として、子どもを中心とした里親家庭を含む関係機関がチームとなって養育していくことを目的とした体制モデルを提示し、それぞれの業務内容を再整理して運営を開始しています。

チーム養育体制に伴い、私たち支援機関事業が行ってきた「相談援助事業」の大半は、里親支援専門相談員が担うことになりました。相談援助を担ってきた職員の業務が大きく変わり、担当者が増え、いままで相談してきた人がまだいるのに、相談できなくなるシステム変更について、「里親さ

ちょっと一息

うれしいときと　かなしいときこそ

「里親サポート事業（里親カウンセリング事業）」という相談事業を里親支援機関事業開始早々から担当しています。「なにかあったら連絡してください」ということが多い相談業務ですが、私は、できるだけそう言わないようにしています。「なにかなくても。うれしいこともびっくりしたことも、困ったことも連絡ください」と帰り際に伝えるようにしています。そして、子どもとの交流中止や、委託解除のときにも伺うようになりました。

児童相談所が入っての措置解除の動きの際には、里親支援機関事業を担当する私は、一旦静観しなければならないこともあります。受託当初のころにもそんなことがありました。委託解除後、自宅に伺う機会があったとき、「一番来てほしいときに、来てくれなかったのに。」と言われました。今頃何をしにきたのかと追い返されてもいいことでした。そのとおりだと思いました。一時間近く、ほとんど話もできず、ただただ、一緒に時間を過ごし、泣きました。

どれだけその家族にとって力不足であっただろうにもかかわらず、「相談援助」と言われる仕事を掲げて、何もできないままに時間をもらっているのかと申し訳なく、そして情けなく感じました。おそらくこれからも絶対忘れてはいけない時間であったと思っています。そのような、ひとつひとつの子どもと里親さんとの時間、一緒に喜びあえる時間も、一緒に泣いた時間も、その家族の営みに寄り添わせてもらえた時間を、せめて、これからに生かせるようにしたいと思うようになりました。

んから見てどう映るのか」ととても心配しました。

また、一方で、里親家庭と子どもにかかわる業務から外れたという喪失感もあったように思います。里親支援専門相談員担当者のキャリアや強みからすれば、新たな心強いパートナーが里親さんと子どもに増えたことになります。理解はしているものの、そういった大切な業務を失ったこと、児童相談所の里親支援業務の中の要とも言える「調査書や自立支援計画書の素案作成」が業務として増えたことで、自分たちの立ち位置の変化を感じざるを得なかったのかもしれません。

今までのように、児童相談所の里親支援に足りないところを補完的にそして丁寧に取り組むという事業内容から、児童相談所が担う業務を分担するという業務に変化していくことの責任と怖さを感じていたかもしれません。

ですが、その経過を踏むことができたことによって、新たに開所していく児童相談所のフォスタリング機関として業務に当たる際には、多くのことを知ったうえで取り組むことが可能となっています。

国内の里親支援機関事業の業務内容は、自治体によって異なり、児童相談所、里親支援専門相談員含め多岐に渡ります。その地域に適した事業内容に作り上げることができるという強みの一方で、整理された原則的な支援方法とルール作りが整備されていません。

少し先の未来のなかで、自治体が委託する支援機関を選定するだけでなく、里親さんが自分に合った支援機関を選べるようになることで、民間事業者の質の担保と、ニーズに合った様々なバリエーションを持たせた支援体制が作れることを期待します。

4 児童相談所に席を置くということ

東京都里親支援機関事業モデル事業の事業開始は、当初、平成20年秋ごろの予定でした。しかし、東京都との事業内容調整等により開始が遅れ、年明け2月からのスタートとなっています。

二葉乳児院は、このプロポーザルに手を挙げ、事業を受託することになったものの、広報啓発、研修など相談援助部分を請け負わない事業内容について、「二葉乳児院がこの内容で受託するのか」「里親さんが必要とする相談支援を受託しないことが前例となってしまわないか」と周囲から問われたこともありました。

里親さんからは、もっと丁寧に、子どもも里親家庭にもかかわってほしいという要望もありました。「子どもには、子どもの担当児童心理司がいるのに、里親のためにかかわる心理職はいないのか」と里親さん自身のメンタルヘルスの必要性が問われていた時期でもありました。

私自身が、何故この担当を希望し、担当することになったのかというところに触れたいと思います。前段でも触れたように、私は、平成17年度より二葉乳児院が受託していた、「家庭的養護推進モデル事業」の担当として入職しました。

この事業には、前乳児院院長である故・鈴木祐子先生の想いがありました。「里親さんと子どもにできること」「丁寧に一緒に日々を過ごしていく支援」を大切にされていた先生でしたが3年の事業半ばで急逝されました。

様々な場面で里親制度及び里親支援に尽力されていた先生が亡くなられたことで、二葉乳児院に来ていた鈴木先生宛の里親さんからの相談はぱたと無くなりました。先生に相談したくて連絡していた方ばかりであったので、連絡が途絶えたことは当然のことである一方、相談先を失った里親さんたちが、これからどこに相談されるのかと不安にもなりました。どんな風に自分自身が学びを積み重ねたらそういった信頼を得て、里親さんと子どもたちのこれからずっとを見守れるような仕事ができるのかと思いました。また、まだまだ里親支援や乳児院のこれからについてやりたいことがたくさんあった鈴木先生の想いを継げる一人でいたいと感じていました。

そんなとき、「東京都里親支援機関事業（モデル事業）」の話がありました。当時、私は、心理療法担当職員という職種で勤務していました。乳児院内の子どもと家族の支援に取り組みたいと考えていたので、すぐに担当となることを希望して手を挙げてはいませんでした。しかし、事業受託する段になっても、担当職員が決まらないままでした。乳児院ではなく、児童相談所内で勤務するということ、里親支援の新しい取り組みのモデル事業であることなど、意を決していくにもなかなかハードルの高い職種ではありました。乳児院内にも力のある職員は多くいましたが、手を挙げるには至りませんでした。

幸いにも、私は、関西ではありましたが、児童相談所にて嘱託職員として勤務していたことがありました。全く児童相談所勤務経験のない職員や、かかわりが少なかった職員が児童相談所に席を置いて、モデル事業という業務にあたる難しさも感じていました。

なかなか決まらないままの年末になったときに、現院長の都留先生に事業を担当したいという思いを伝えたように思います。

そういう経過のなか、2月1日より、東京都里親支援機関事業・モデル事業がスタートしました。児童福祉司が在籍するフロアの入り口付近にある家庭支援班に席を置いてもらいました。家庭支援班には、里親担当福祉司、里親支援専門相談員、家庭復帰支援員、警視庁から出向されていた警部がいらっしゃいました。それぞれが児童福祉司と連携して業務にあたるセクションでしたので、私としては少し居心地のいい場所でした。

しかし、備品一つとっても、事業費で用意するのか、児童相談所が用意するのか、パソコンを持ち込ませて大丈夫なのか、個人情報の取り扱いをどう考えるのか。児童相談所内でとびかうケースの話を耳にすることは、個人情報漏洩につながらないのかと問われることもありました。児童相談所で里親担当をしている職員が、支援機関事業として職員が入ることで担う業務が無くなり、職を追われるのではないかという噂もありました。その噂をもとに、里親支援にかかわる児相職員の方々が混乱され、不安になっているという話も耳にしました。

そういった状況下でしたので、新たな取り組みとして里親支援を担う職員が増えることを歓迎してもらっていないのではないかという不安と受け入れてもらえていない悲しさを感じていました。週に1度、児童相談所内の全体会議の日には、二葉乳児院で業務を行うようにしてもらいました。そうしないと、まだまだ入職して数年の私には、いろいろな考えや混乱を調整しながら児相内で踏ん張ることも難しく、二葉乳児院からも自身の存在が消えてしまうような不安があったのかもしれません。ただただ、鈴木祐子先生の想いがつながるように、失敗できないと思うばかりに、必要以上に神経質になってしまったのだと思います。

　幸いにも、家庭支援班の方々は、少なくとも拒絶なく受け入れて下さいました。児童相談センターとしても様々な調整や確認は必要であったにしても、丁寧に「里親支援機関事業」という業務に向き合って下さいました。

　現在でも、全国をみても、児童相談所内に民間の里親支援機関を入れている自治体は多くありません。さまざまな調整と混乱は生じましたが、東京都が児童相談所内に民間職員を入れて連携して業務にあたると決心したことは、大きな決断だったのだと思います。それによって、事業受託時点から、密に情報共有することが可能でした。特別に会議の時間を設定して話をしなくても、隣で電話連絡しているやりとりから今の里親家庭の状況を推察することもできました。ちょっとしたやりとりを重ねる中で、私自身のスタンスも、取り組みの内容も理解してもらえたと思いますし、「一緒に連携して取り組む」ということが可能となりました。

　モデル事業を開始してしばらくした後、「里親カウンセリング」「新規委託時フォローアップ事業」「定期巡回訪問」という事業が業務に入りました。一つ一つ、事業内容が変化し、ときには、「里親さんと子どものニーズに本当に合っている事業なのか」と見直しが求められるものもありました。

　里親支援機関事業にかかわって、13年目となりましたが、変遷に変遷を重ねているこの事業は、発展している一方、安定的に根をはって事業に取り組めていない難しさもあります。事業変更は、よりよい支援の模索ではありますが、私たちは、

「よかれ」と思うだけではなく、「子どもと里親さんにとってどう影響するのか」について、丁寧に考える時間が必要だと思っています。時には「包括的」には程遠い分業のような業務分担が生じることもあります。それでも情報共有が密にできているのは、児童相談所に席を置く職員が居て、その都度、子どもと里親さんにとって何をすればいいのかを、児童相談所職員の方と共に振り返る機会が随所にあるからだと思っています。

5 二葉・子どもと里親サポートステーションの取り組み

現在、二葉乳児院は、様々な里親支援に関する事業を展開しています。ただし、受託している事業だけでは、「子どもと里親家庭、養子縁組成立後家庭を支える支援」に足りないところもあると感じています。また、各児相や地域、各事業の範囲を超えて、共通のものとして取り組みたい問題に対してどのようにしていけばいいかという課題もありました。そのため、平成29年、里親支援の充実とこれからの展開を視野にいれて、里親支援機関担当チームを「二葉・子どもと里親サポートステーション」と名づけ、より丁寧に子どもと里親家庭の支援のノウハウを蓄積・集約し専門性を高め、これからの包括的なフォスタリング機関を目指すための専門チームとしてリスタートすることにしたのです。

サポートステーションでは、受託内容をより深め、幅広く支援方法について検討を行うため以下の取り組みを行っています。

①里親家庭・養子縁組成立後家庭、里親家庭で生活した経験者等からの相談対応

年に数回、養育里親さんや二葉乳児院で生活していたお子さんからのご連絡をうけることがあります。なかには、60歳を超えられたご本人からのお電話もあります。「自分が、二葉乳児院に居たのか？」「自分の記録はあるのか」「実親について

ちょっと一息

エピソード：いつでも二葉で待っている

３歳のころ、二葉乳児院から特別養子縁組を前提として、あるご夫婦の家族となった男の子がいました。繊細で豊かな感性を持った男の子でした。ご家族は、毎年のように行事に参加され、連絡を絶やさずに近況を報告下さいました。素敵なことがあったときも、判断に迷ったときも連絡がきました。小学生のころ、彼は自分自身の生い立ちについて振り返るようになりました。「二葉で話を聞きたい」との連絡がありました。

担当保育士や院長が、その子どもとご夫婦の対応をしました。二葉に居た頃のこと、近況、色々な話をしましたが、結局、本人は、聞きたいと言っていた実親について触れることなく帰っていきました。「聞けなかった」のではなく、「今日は聞かなかったらしい」と後で知りました。「二葉に行けばいつでも待っていてくれる人がいる。自分の想いを受け止めようとしてくれる人がいる」と少しでも感じてもらえたことは、私たちの財産になりました。

その後も彼は、たくさんの揺れを体感しながらも、丁寧に丁寧に寄り添うご家族の中で、のびやかに成長していました。中学生になったあるとき、また連絡がきました。「学校の課題でもあるボランティアを二葉乳児院でやりたい」とのことでした。学校の友達と参加することになりました。ただし、一つお願いしたいことがあるとのことでした。それは、「二葉に行っても、職員は初めて会った振りをしてほしい」とのことでした。きっと私たちは、その話を聞いていなかったら、うれしくって、たくさんの職員が会うたびに声をかけ、抱きしめ、心から来てくれたことに感謝を伝えていたと思います。

当日は、そんな心躍る衝動を抑えながら、遠目からアイドルを見守るようにのぞき込んでいたのを覚えています。２年目、ま

（←次ページへ続く）

ちょっと一息（続き）

た、ボランティアに来たいとの連絡を受けました。もともとシャイな彼は、少し早く着いてしまい、手前の公園のトイレで呼吸を整えていたことを後から知りました。その年は声をかけてもいいとのことでした。彼にとって、それがどんな経験となったかを詳しく聴く機会はありませんが、とてもいい表情で自宅に戻ったというご連絡を受けました。

今、彼は高校三年生です。ご家族は今も変わらず彼と家族のエピソードを伝えてくださいます。これからも彼もご家族も、色々な想いに直面することがあるかもしれません。ふとしたときに、自分は何故この家族になったのか、実家族はどうしているのか、どういう人だったのかを知りたいと思う日が来るかもしれません。そういったときに、すぐに声が聴ける「二葉」であり続けたいと思いますし、それが、「二葉らしさ」の様に感じています。

の情報があるのか」などのご質問を受けることもあります。「無事に卒業式を迎えたので、子どもを連れてご挨拶に行きたい。」「子どもが揺れているように感じるので、話をきいてやってほしい。」など様々ですが、どれも、二葉にある記録や記憶を頼りにされています。

二葉乳児院は20年程前に建て替えをしているため、昔の面影はありませんが、当時からある桜の木や、丈夫で壊れない木製の室内用ブランコ、ベビーベッドなど、古くから残っているものも多くあります。また、年度ごとにアルバムを作成しており、その年度に在院していた子どもや職員を記録として残しています。記録と記憶を求めて問い合わせがあったときには、できる限りの準備をして対応するようにしています。

前述のエピソードのご家族が、法人120周年のキックオフイベントで、二葉乳児院に向けてくださったメッセージがあります。

> 二葉が巣立った人たちにとっての、『ふるさと』であり続けていただきたいという期待
> ここに来れば
> ―自分の人生がつながる
> ―自分のルーツを知る手がかりをえられる
> ―笑顔で迎えられ安心出来る
> ―ひとりの人として尊重される
> ここに来れば、大丈夫
>
> 出会った家族の方々にそう言ってもらえるような『二葉』であり続けたいと思っています。

②他県含む里親支援に関わる施設や行政等関係機関への事業内容等取り組みの説明・見学対応

里親支援にかかわる取り組み内容は、各自治体に任されているところも大きく、児童相談所、里親支援専門相談員、里親支援機関、それぞれに業務内容や連携方法が異なります。また、自治体によっては、①里親支援機関として施設含め民間団体にどのように業務を委託していいのかわからない、②里親家庭数含めた規模として委託するほどの規模ではない、との考えを持っていたところも多くあります。しかし、最近では、「フォスタリング機関事業＝民間委託」が当然のような流れになってしまっているようにも感じられます。

私たち二葉乳児院も、自治体からの依頼があれば、フォスタリング事業受託について、常に前向きに対応したいと考えています。その地域の子ど

もと里親さんへの取り組みに、私たちの取り組みを活かしてもらえるのであれば、丁寧にかかわっていきたいと思います。

ただし、その地域を知り、その地域ならではの取り組みが可能な団体があれば、その団体が主となって取り組む強みは、計り知れないものと考えています。もし、まだその団体に里親支援についてのノウハウが少ないというのであれば、二葉がフォスタリング機関として又はともに歩む形として一定期間担いながら、引き継いでいくことも可能と考えています。

また、他方で、その自治体の児童相談所が、フォスタリング機関を担うという地域があってもいいと思っています。自治体で丁寧に取り組んできた歴史があれば、新たに民間団体にフォスタリング機関になってもらうのではなく、里親支援事業として民間団体に委託し、それぞれの強みを生かす方法もあると思います。どれをとるにしても、「自分たちができないから」「時間がないから」ではなく、「それぞれの強みを活かしあう方法」としての関係機関含めたチーム体制の作り方を模索する必要があると思います。

③里親支援専門相談員等里親支援担当者との「子どもと里親支援研究会」（月1回）の実施

子どもと里親支援研究会は、④のハンドブックを作るきっかけとなった、植山つる児童福祉研究奨励基金の助成を受けた際に設立しています。

この10年ほどで大きく変遷している里親支援の流れのなかで、里親支援にかかわる専門職種は増える一方ではあるものの、今まで里親支援の専門職としてかかわってきている職員はそれほど多くありません。

また、里親支援専門相談員は施設に1名の配置であるため、施設内で里親支援について学びを深める機会が少ないのが現状です。特に児童養護施設においては、里親家庭への委託を経験したことが今までほとんどない施設も少なくないため、「里親制度」についての認識も浅く、業務内容を共有することすら難しい場合もあります。

そのため、月に1回、都内の里親支援にかかわる職種に声をかけて研究会を開催しています。ケース検討や、それぞれの職種の在り方、自身の所属施設含む里親制度周知の方法など、日々の悩みを取り上げて、整理をする機会としています。

④子どもと里親サポートハンドブックの作成

「子どもにとって」をテーマの中心に置き、イラストや図表でわかりやすく描いた里親・養子縁組成立後家庭およびフォスタリング関係者向けの『子どもと里親のためのサポートハンドブック』計2冊の作成。これは、「植山つる児童福祉研究奨励基金」の研究助成を受けて作成しました。

作成においては、都内関連する児童養護施設、乳児院の里親支援専門相談員および里親交流支援員との研究会を開催して、現状の課題整理や、里親さんに知っておいてほしいこと、私たち里親支援にかかわる職員が知っておくべきことをまとめています。現在、各1200冊配布済み（現在有償配布対応。また、全国社会福祉協議会ホームページにて、PDF閲覧可能。）であり、関係機関職員だけでなく、全国数か所の里親研修等で利用していただけるようになりました。現在、続編を検討中です。フォスタリング機関職員向けのもの、自立支援にかかわるもの、そして、子ども自身が手に取って読めるものなどを作成予定です。

⑤フォスタリング機関・行政・施設等関係機関および里親家庭向けの研修講師派遣

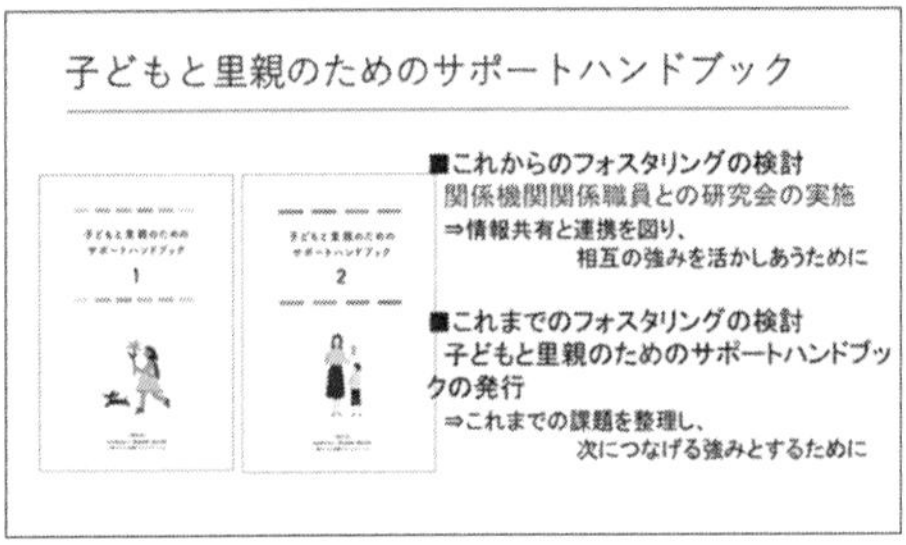
子どもと里親のためのサポートハンドブック
子どもと里親のための
サポートハンドブック
1
子どもと里親のための
サポートハンドブック
2
■これからのフォスタリングの検討
関係機関関係職員との研究会の実施
⇒情報共有と連携を図り、
相互の強みを活かしあうために
■これまでのフォスタリングの検討
子どもと里親のためのサポートハンドブックの発行
⇒これまでの課題を整理し、
次につなげる強みとするために

様々な機会をいただき、全国のフォスタリング機関、行政関係者、施設等関係機関に対しての研修講師派遣を行います。そういった機会を通して、各地の状況と強みを学び、自身の取り組みの整理にもなります。

これらの活動は、「私たちの実践とノウハウを周囲に伝えていく」ということが主な趣旨ではありません。どちらかと言えば、私たちが経験してきた課題や、子どもや里親家庭から教えてもらったことを整理し、発信することで、「これからの支援にどう結び付け、よりよい方法をかかわる皆でどう紡ぎだしていけるかを知るきっかけ」として捉えています。

そのため、どの取り組みも継続し連続性を持たせるよう心掛け、一方向だけの企画ではなく、相互のやりとりを大切にし、また強みとした形になるよう心掛けています。

6 特別区児童相談所でのフォスタリング業務への思い

令和2年度より、都内特別区の児童相談所設置が開始されました。「先行3区」と言われる、世田谷区、江戸川区、荒川区のうち、江戸川区および荒川区の里親支援にかかわることになりました。

①江戸川区児童相談所　里親包括支援（フォスタリング機関）事業

令和2年4月より開始。区児童相談所里親支援担当者とひとつのチームとして地域の里親家庭および子どもの支援を包括的に受託。4名のスタッフを児童相談所内に配置、統括職員が週1回程度SV実施。リクルートからインテーク、認定登録にかかる調査、マッチングから交流支援、一時保護委託時のサポート、委託後支援、措置解除後の自立支援、養子縁組成立後家庭への相互交流など、まさに包括的な支援を児童相談所と連携して行なっています。

②荒川区児童相談所　里親支援事業

令和2年4月より事業開始。児童相談所としては令和2年7月開所。令和3年度より里親包括支援事業に展開。4名のスタッフを児童相談所内に配置、統括職員が週1回程度SV実施。数年後に、荒川区内に開所予定の児童養護施設へフォスタリング機関事業移行予定。それまでの間、フォスタリング機関としての業務内容を児童相談所と共に作り上げ、ノウハウの蓄積を行うこととなります。

2区ともに、児童相談所設置準備段階から一緒にどのような里親支援が必要かを話し合うことができたことが、最大の特徴だったと思います。それぞれの区の特徴や強み、区のサービス等に関する情報量の多さと機動力、判断力の速さを最大限に利用することが可能です。

ただし、児童相談所開所から一緒に歩みはじめるため、ひとつひとつを組み立てていかなければいけない難しさは当然ありました。そのなかでも、里親さんと子どもの営みは続き、新たに保護されてくる子どもの生活の場を探すことは止めることはありません。

いままで児童相談所が前面に担っていた業務を、フォスタリング機関事業として、私たち民間スタッフも判断を求められていきます。その怖さと責任の重さは、わかってはいたものの、現実となった今、改めて児童相談所、担当地域の里親支援専門相談員、里親さん等との連携の大切さを感じています。そして、だからこそ、基盤となる「二葉のフォスタリング」を見直さなければならない時期に来たと痛感することになりました。

7 大切にしていることと現状の課題

現在、都内特別区では、児童相談所を開所した区、設置に向けて準備を進める区があります。また、都立の児童相談所でもフォスタリング機関事業転換の動きが出始めました。ともすれば、陣取り合戦のように、どの地域にどの民間団体が入るのかと様子をうかがうようにもなってしまっています。フォスタリング機関事業として運営を開始しても、今までの里親支援事業とは異なるものだと名称では理解しても、果たして何が異なるのか、どこまで何を民間団体が担い、児童相談所は何をすればいいのかなど、一つ一つが確認作業となります。

各団体および職員が、それぞれの強みを知り、連携が取れるまでの間、試行錯誤で業務がままならなくなる恐れもでてきます。少なからずそういった状況に陥ることが「仕方がない」としても、「里親さんと子どもへの支援が滞っても仕方がない」ということでは、本末転倒です。どれだけ団体間、職員間で行き違いや調整をしなければならない時期だといっても、絶対に「子どもと里親さんを見失わない」「チーム養育の真ん中から放り出さない、置いてきぼりにしない」ことを念頭に置かなければなりません。

そのために、私たちは、毎週、毎月のように各児童相談所、各担当業務に散らばった里親支援担当職員を集めて、確認と振り返りを行います。自身の足元が揺らがないように、どんなことがあってもぶれないように、もし、ぶれることがあったとしても、チームとして支え合えるようにが目的です。子どもと里親家庭、養子縁組成立後家庭等との出会いの機会を大切にすること、外部学識経験者による定期的なSVやそれぞれの強みを伸ばす研修受講。チーム内でのミーティング、ケース検討会、全体ワークショップなど。そういったグループ力を付ける機会を増やすことで、他機関とのチーム体制にも転用できるようにと考えています。

まだまだ、発展途上の未熟さのあるチームではありますが、児童相談所との連携のもと、また、里親さんと子どもの営みに寄り添わせてもらえている経験をこれからも重ねて、もっと揺らがないチームになれたらと思っています。

そして、これからも児童相談所や様々に関連する機関とかかわる人とともに、子どもとその家族、里親さんがいつでも立ち寄れる場所、戻ってこれる場所となれるように、頑張りたいと思います。

おわりに

早いもので書き始めて五年が経ちました。

私が児童相談所の現場に奉職できた20年間を思い起こし、個人情報に抵触せず、内容が大きく変化しない限りということに工夫しながら、これまでお世話になってきた児相の職員の皆さんへの感謝と御礼を述べるとともに、果敢に課題に挑んできたその奮闘ぶりを是非、多くの方に知ってもらいたいと思いました。

そして苦しいけれどこの道に新たに進みたい、という方が一人でも出てきてほしいという一心で、書き進めました。

在職中、特に児童相談所時代の私を育てていただいた様々な部署の上司・同僚、仲間、そして歴代の児童相談センター所長・次長等の御厚情に支えられていたからこそ、今日の自分があるのだと思っています。

さて、私が定年退職してからの五年間の間に、目まぐるしい児童福祉施策のさまざまな転換がおこりました。

特に、法改正や新しい社会的養育ビジョンを受けた家庭養護推進は、これからの児童相談所の業務の在り方に大きな影響を与えるでしょう。このため急遽、家庭養護の世界で日々、とても熱心な実践活動を行っておられる二葉乳児院の長田副院長にも、執筆を依頼しました。

まさに少子高齢社会にあって、児童の問題は日本の未来の問題でもあり、家庭づくりの問題でもあるのです。

これから児相を設立していく自治体（特に特別区等）には、以上述べた「新しい家庭養護のしくみ」をどのように推進していくのか、都でも試行錯誤が続いている中での困難な船出となっているのです。当面の間は都がこれまで培ってきたしくみの中で、事業を展開していただけることを望みます。

この家庭養護の課題の他、都区間に限りますと、あと二つの課題が残されていると考えます。

二つ目の課題は、「広域調整」と「中央児相的機能」の課題です。

特別区では次々と児相が開設していきます。しかし「設置が可能な区から開設していく」としたこと自体が、これからの特別区間と都との広域調整の課題をよりいっそう、顕著としていくと思います。

各区それぞれの時期に児相設置が進む以上、広域調整の「過渡期」が長く続くこととなるのです。このしわ寄せを受ける一つが児童福祉施設です。施設の相互利用にあたっての財源の負担割合については複雑な計算が必要となっています。

また、旧・都立直営施設の入所については都児相優先となっていますが、現在東京都社会福祉事業団直営施設となっている児童養護施設の中には、民間施設では対応が困難な児童の受け皿となっている側面もあります。特別区児相にもこの対象児童はいるわけで、こうしたことを子どもの視点から考えますと、再度の踏み込んだ広域調整協議が早晩、必要となってくるのではないかと思います。

今後、特別区で設置される予定の児相は、いずれ東京都と離れ、独自運用が進む時がやってくるのでしょうか。神奈川県児相と各市児相や、大阪府児相と各市児相の関係が、その一つの答えかもしれません。その上で、これから建設されていく区児相では規模の大きさ等への検討を含め、児相や一時保護所等の「共同設置」などの柔軟な発想が効果的なところもあるかもしれません。（一部では、これ以外の動きも始まっていますが。）

また、特財政調整制度の活用の課題もあります。都と特別区間だけでなく、特別区間の財政調整協議も児相開設でより複雑になっていくでしょう。その時のため（実は今から必要なのですが）現在の特別区人事厚生組合が内部組織の一つとして担っている機能を強化した、独立した「特別区児相の区間調整を担える専門組織」が必要となっていると思います。たとえば、児童福祉審議会や施設の許認可や検査体制については、法律の関係で現在各区対応となっています。各区事情にもよりますが、こうした機能は今後は共同設置する等、柔軟な対応が効果的かもしれません。

なぜならば、今後の特別区間調整を困難にしていくであろう事態が今、発生しているからです。それは、児童相談所設置市事務を区内で所管する部署が各区、まちまちなのです。ある区では、その多くを児相が担い、ある区では、現在東京都の本庁が担っている機能を区の本庁が担う業務形態となっています。各区事情について私がどうこう述べられる立場ではないのですが、取扱件数や事務量・人材確保等いずれ各区で担うよりも共同設置の方が効果的である事業も出てくると想定しています。その時を待たずとも、各区の事業窓口が異なった様態で次々と設立されていくことは、区間の統一的な広域連携にとって課題となっていくでしょう。早い段階で特別区人事厚生組合内にこれまでの機能を強化した調整機関を正式に発足させるか、中央児相的な組織を新設することが、今後に続く特別区児相の効率的な運営に有効と考えます。

その一方で、これから次々と特別区で児相が開設されていくごとに、少しずつ、これまで都で実施してきた広域ルールや仕組みが、各区ごとに形を変えてしまう懸念を抱いています。特にそれは家庭養護に新しく参入してくるフォスタリング機関の取組に表れてくるでしょう。この事業は都においても現在（令和三年二月）試行中の状況であり、この間にも区児相には独自のフォスタリング事業者の参入希望も現れています。まさに混沌とした中で各区独自の取組がそれぞれで進んでいってしまうと、住民に限らず、各児相の業務運営に影響が生じてきます。公務の公平性を担保するためにも、特別区児相間の総合調整役を（今は都区協議となっていることを含めて専門的な見地から）担える新組織が必要なのです。

そしてこの「特別区間調整」には、各区児相が所有する電子データの課題もあります。ＩＣＴ化の進展を待たずとも、特別区は都のような一元的な保有児童情報や台帳の共通管理・共通システムを構築すべきと思います。これらについては「予算がない」「条例で無理」……できない理由をさがせばいくらも出てくると思います。おそらくは、特別区間で共通の情報データシステムがないと、どのような不都合があるのか想像もできないというのが、財源や予算を所管する部署の本音かもしれませんが、電子情報を効率的に活用するためにも、検討いただければと思います。すでに家庭養護にかかわる情報はＬＧ－ＷＡＮも活用した取り組みが都区間で進められていますが、情報交換のしくみとしてはまだまだ脆弱です。

三つ目の特別区児相運営の課題は「人材の確保と育成」です。

開設にあたって、人材確保に苦労されている児相は少なくないと考えます。新規採用やキャリア採用も進んでいますが、特に区採用ができる職種は、各特別区間の希望者数としても顕著な差が出ています。

人材確保とともにその育成も用意ではありません。区が保有する福祉施設の多くは児童館と保育所であり、児童福祉施設はありません。

こうしたことから、人材の確保と育成のしくみとしてたとえば、特別区に設置されている児相職員と子家セン職員は、少なくともこの先10年程度は人事異動の特例として、相互に区間移動をもっと柔軟に認めるなどが効果的と考えます。F区児相で疲弊した職員がF区に残り、他の職に異動するだけでは、その職員にとっても心身の回復に時間がかかるかもしれないのです。これをT区の子家センに異動できるとしたらどうでしょうか。当該職員の心身のリフレッシュにもなり、違った視点からT区の子ども家庭への取組も学べます。そして職務意欲を取り戻した際には、F区に戻る人事異動だけでなく、他特別区児相への異動希望も出せるしくみとするのです。この間ずっと、児童福祉の専門職としてキャリアは積めるのです。

児相業務は極めて高度な専門性が求められ、今後も人材確保・ローテーションは困難な区があると思います。現存の条例では不可能ですが、重層的な人材確保のため、そして抜本的な人材育成の一つのため、柔軟な人事異動をよりたやすく可能とする特例条例の制定も検討していただければと思います。

こうしたことが残された課題と考えています。

今回の出版につきましては、家庭養護の専門家である二葉乳児院副院長長田さんの御協力なくしてはありえませんでした。多忙な中、執筆いただきましたことに御礼申し上げます。

また、刊行にあたりましては、計画の段階から深い御理解をいただきました都政新報社出版部のご厚情があってこそのことでした。あらためまして深く感謝申し上げます。

ありがとうございました。

最後に、これまで私を支えてくれた多くの職員への御礼と、これからこの道に進もうとしている方々にエールを込めて巻末の言葉として「それでも前を向いて歩いていってほしい」を記し、終わりの言葉といたします。

『それでも前を向いて歩いていってほしい』

その児福司は「自分の子どもの、卒業式にも入学式にも参列できなかった……」といいつつ、それでもそんなこと気にしていないようにふるまいながら今日も所を飛び出して行った。

「……頼んだぞ」「頑張って」と、その背中に声をかけ続けた12年間だった。

四月に希望に目を輝かせて転勤してきた児福司の表情が、日ましに暗くなってゆく。圧倒的な事務量と責任の重さに顔色が青ざめていく。

なくならない重篤な虐待事件を受け、法改正や通知・調査が立て続けに国から発出される。現場はその改正通知に追いつくだけで精いっぱいの日々を繰り返している。

こんな毎日だから、職員は自宅に帰り眠りにつく直前まで「今日も仕事を積み残した」「あの子は今夜、大丈夫なのだろうか……」と自分の対応が頭から離れない。

保護者が弁護士を依頼し、児相に法的対応の瑕疵を訴えてくる案件や、一時保護への親権者の苦情も増え、今ほど児相の説明責任と対応記録の重要性が増している時代はない。深夜まであるいは土日も出勤しないと追いつかない仕事と記録の入力に、気がつけば家庭サービスが後回しになり、趣味を楽しむ時間も取れない。

住民の期待が肩にのしかかる。「どうか第二の結愛ちゃんや心愛さんのような悲しい子どもは出さないでほしい」と聞こえてくる。

ひとたび重大な事件が発生すると、マスコミや住民の非難の嵐の中に投げ出される児童相談所。子どものいのちを守り切れなかったことに誰よりも心を痛めているのは私たちのはずなのに……時計はもとには戻らない。

疲れた時は休んでほしい。　気分転換に遊んでほしい。　充電しないと人は倒れる。

私だってそんなに強くない。あなたはひとりじゃないから。仲間とともにいる存在だから。

そして　ひと息ついたらもう一度、「笑顔」で　前を向いて歩きだしてほしい。

あなたにしかできない関わりがあるから。あなたしか救えない生命があるから。

あなたの頑張りは　いつか　きっと　きっと　報われる。
あなたが明日、来ることを
きっとあの子は　声なき声　で待ってくれている。
あの子(親)のことを一番、よく知っているのは
あなたしかいないのだから。
あの子(親)を護れるのは　　あなたなのだから。

参考文献等（順不同）

東京都の養育家庭制度10年のあゆみ（S58年）　東京都福祉局
「育てる」養育家庭制度20周年記念誌（H5年）　東京都福祉局
社会福祉法人二葉保育園の歩み百年誌　社会福祉法人二葉保育園
湯沢擁彦（2005）「里親制度の国際比較」 ミネルヴァ書房
古川隆幸（2007）「なぜ日本の里親制度は普及しないのか」 佐賀女子短期大学研究紀要41
古澤頼雄（2005）「非血族家族を構築する人たちについての文化心理学的考察」 東京女子大学比較文化研究紀要66
柏女霊峰（2001）「児童福祉の近未来」 ミネルヴァ書房
井上ひさし「絶筆ノート」 文藝春秋（H22年7月号）
開原久代 「家庭外ケア児童数及び里親委託率等の国際比較研究」（平成23年度厚生労働科学研究）
奥田晃久・濱口佳和「里親の心理的葛藤について」 筑波大学心理学研究2018第55号
「みんなのちからで防ごう児童虐待」 東京都児童相談センター事業課（各年度版）
「事業概要」 東京都児童相談センター（各年度板）
「児童相談のしおり」東京都足立児童相談所（H2年度）
東京都児童福祉審議会関連資料
児童相談所運営指針
全国児童相談所長会申し合わせ
厚生労働省ホームページ　https://www.mhlw.go.jp/index.html
東京特別区長会ホームページ　http://www.tokyo23city-kuchokai.jp/

◉著者略歴

奥田晃久（おくだ・てるひさ）

1955年生まれ。筑波大学大学院博士前期課程(修士課程)教育研究科カウンセリング専攻修了(カウンセリング修士)。1981年東京都庁に福祉職として入都。1999年東京都児童相談センター児童福祉司。2000年東京都議会議会局国際課外事主査・2001年総務課文書係長。2002年都立誠明学園自立支援課長。2004年杉並児童相談所長、2007年北児童相談所長など各所に12年間奉職し、2016年江東児童相談所長で定年退職。現在、明星大学教育学部子ども臨床コース特任教授。社会的養護・施設実習・教育実践ゼミ・卒論研究等担当。社会福祉士。

長田淳子（ちょうだ・じゅんこ）

1976年生まれ。龍谷大学大学院文学研究科博士後期課程単位取得満期退学。滋賀県中央子ども家庭相談センター（児童相談所）虐待対応相談員を経て、2005年より社会福祉法人二葉保育園二葉乳児院入職。里親担当ワーカー・心理療法担当の後、2008年度より東京都里親支援機関事業を担当し、東京都児童相談センターにて業務を行う。2020年より二葉乳児院フォスタリングチーム統括責任者・副施設長。2013年より青山学院女子短期大学非常勤講師「里親養育論」担当。臨床心理士・精神保健福祉士。

それでも児童相談所は前へ

激動の現場で子どもの笑顔を守り続けたその仲間たちとの記録

定価はカバーに表示してあります。

2021年3月22日　初版発行

著　者　奥田晃久
　　　　長田淳子
発行者　吉田　実
発行所　株式会社都政新報社
〒160-0023
東京都新宿区西新宿7-23-1　TSビル6階
電 話：03（5330）8788
FAX：03（5330）8904
ホームページ　http://www.toseishimpo.co.jp/
デザイン　荒瀬光治（あむ）
印刷・製本　藤原印刷株式会社

ISBN978-4-88614-262-7　C3036